EL LIBRO NEGRO DEL EMPRENDEDOR

EL LIBRO NEGRO DEL EMPRENDEDOR

NO DIGAS QUE NUNCA TE LO ADVIRTIERON

FERNANDO TRÍAS DE BES

EMPRESA ACTIVA

Argentina - Chile - Colombia - España
Estados Unidos - México - Perú - Uruguay

1.ª edición: mayo 2007
1.ª edición en esta presentación: mayo 2024

© 2007 *by* Fernando Trías de Bes.
Derechos de la obra cedidos mediante acuerdo con International Editors'Co.
© 2007, 2024 *by* Urano World Spain, S.A.U.
Plaza de los Reyes Magos, 8, piso 1.º C y D – 28007 Madrid
www.empresaactiva.com
www.edicionesurano.com

ISBN: 978-84-16997-88-6
E-ISBN: 978-84-18259-11-1
Depósito legal: M-5.598-2024

Fotocomposición: Urano World Spain, S.A.U.
Impreso por Romanyà Valls, S.A. – Verdaguer, 1 – 08786 Capellades (Barcelona)

Impreso en España – *Printed in Spain*

Índice

QUINTA PARTE
Emprender es fácil, lo difícil es crecer

Prólogo a esta nueva edición

Jamás habría imaginado cuando publiqué por vez primera en 2007 el manuscrito de *El libro negro del emprendedor* que, casi veinte años después, continuaría como uno de los libros más leídos, recomendados y comentados en el mundo del emprendimiento. Y, menos todavía, que iba a convertirse en un clásico.

Escuelas de negocios, facultades de empresa, empresarios, asociaciones privadas y públicas que apoyan el emprendimiento y sitios de internet o foros llevan años recomendando mi libro, cosa que me produce emoción y responsabilidad a partes iguales.

Y digo *responsabilidad* porque realmente influir sobre el futuro profesional —¡y vital!— de una persona es algo que debe ser tomado muy en serio. Durante mucho tiempo, una de mis principales preocupaciones como autor de este libro, que ha dado la vuelta al mundo y ha sido traducido a tantos idiomas, fue que, al abordar lo oscuro del emprendimiento, la dimensión más oculta y los mundanos problemas de montar un negocio, podía desanimar a potenciales empresarios y emprendedores. Quizás por mis advertencias y por poner tan de relieve los obstáculos y sinsabores del emprendimiento, personas que hubiesen tenido éxito se hubiesen echado atrás por mi culpa. ¿Y si empresas que habrían sido exitosas nunca fueron fundadas por culpa de estas páginas?

Así que, cada vez que un lector se aproximaba a mí, al salir de un avión o en una estación de tren o en una firma de libros o tras una conferencia en un congreso, le realizaba sistemáticamente la misma pregunta: *¿te ha desanimado el libro, tiró por tierra tu decisión?*

Las respuestas fueron unánimes y similares: *para nada.* Quien lo tenía claro, quien estaba reamente decidido a emprender, lo hacía igualmente. Y el libro, en este caso, le servía para reconsiderar algunos aspectos, revisar ciertas decisiones y ajustar su proyecto. Y me daban las gracias. A tenor de tal o cual capítulo, estas páginas abrían sus ojos y mejoraban su emprendimiento. Incluso algún lector me confesó que, gracias al libro, se salvó de errores que habrían salido muy, muy caros. De hecho, han sido varios los emprendedores que me atribuían —pienso yo que en un exceso de generosidad— su éxito: «me fue bien, gracias a usted», llegó a decirme más de uno. No lo creo. Fue gracias a ellos mismos. Pero emociona igualmente tanta gratitud.

¿Y qué hay de mi temor? ¿Se truncaron proyectos a raíz de la lectura de *El libro negro del emprendedor*? Pues sí.

También hubo personas que me reconocieron que, tras la lectura, decidieron no emprender. Les pregunté si se arrepentían o me guardaban rencor por ello. «Todo lo contrario», me aseguraron. Se dieron cuenta de que iban a cometer un grave error, de que estaban huyendo hacia delante y de que les salvé de un desastre seguro, que su emprendimiento iba a ser la crónica de una muerte anunciada. Ninguno se quedó con la espina clavada. Más bien, evitaron clavársela.

Estas reacciones han sido una sorpresa y un bálsamo, y hace ya años que, cuando me topo con algún lector, he dejado de preguntarle si mi libro le perjudicó porque ha sido más bien lo contrario, ahora sé a ciencia cierta que estas páginas solo han hecho que ayudar: a los emprendedores a emprender mejor; y a los falsos emprendedores a darse cuenta de que se aproximaban a un precipicio sin paracaídas.

Otro hecho inesperado es que los mensajes de *El libro negro del emprendedor* sigan vigentes tantos años después. El motivo es simple: los temas aquí abordados son atemporales porque no están en función de la tecnología o la situación económica, de los mercados financieros o la evolución de las técnicas de gestión empresarial. Las cuestiones que las próximas líneas tratan son atemporales porque hacen referencia a sentimientos, valores, percepciones, autoengaños y relaciones. Cuestiones que, transcurrirá el tiempo, y seguirán siendo las mismas.

Finalmente, quiero insistir en dos elementos que han sido clave en el éxito de este libro, que ha visto ya muchas reimpresiones y cuya reedición solo atañe al aspecto formal y de diseño, pues el contenido es el mismo que el de su primera edición.

El primero fue la fuerza y el valor de los testimonios de las personas a las que entrevisté, y que me ayudaron a recopilar, priorizar y unificar los principales errores del emprendimiento. Yo, que he sido emprendedor, cometí mis propios errores, y sabía de algunos. Pero mi visión habría sido parcial y sesgada, basada únicamente en mis vivencias personales. Precisaba de una perspectiva mayor, una exhaustividad que solo otras personas podían darme. Es impagable el valor aportado por los emprendedores y empresarios que me confiaron sus miserias, sus errores y sus malas decisiones. Ellos me dieron las claves. Yo me limité a ordenar y priorizar, a agrupar y sintetizar. A ellos les debo este libro.

El segundo elemento clave, y ese mérito sí que es de este autor, fue el de trasladar el foco y pasar de estudiar éxitos a analizar fracasos. La ratio de éxito es muy baja todavía porque emprender es realmente un reto. Y es difícil consolidar un negocio en un mundo tan competitivo y cambiante. Sigue siendo más importante, igual que veinte años atrás, enseñar a no fracasar que enseñar a triunfar.

Quiero dar las gracias a los más de cien mil lectores que han recorrido estas páginas y, especialmente, decirles a aquellos cuyos negocios siguen vivos que no desfallezcan y que me alegrará siempre saber que quizás contribuí ni que fuera un poquito a su supervivencia empresarial.

A los nuevos lectores, desearles tanta suerte como esfuerzo van a precisar en sus andaduras empresariales. Aborden este *libro negro* desde la confianza que proporciona saber que su utilidad real y práctica ha sido ya más que probada, pues el principal juez de toda obra no es otro que el paso del tiempo.

Preliminar

¿A QUIÉN VA DIRIGIDO ESTE LIBRO?

Este libro es para toda persona —sea cual sea su formación y experiencia— interesada en emprender un negocio, de cualquier índole o tamaño. Desde un ejecutivo que se lanza a una aventura empresarial de gran envergadura hasta un ama de casa que planea montar una tienda de ropa. Es decir, este libro está destinado a cualquier persona emprendedora.

Suspicaces lectores interpretarán en el párrafo anterior un desmedido interés por llegar al máximo de personas y, así, seducirle a que compre este libro. De este modo el firmante obtiene el máximo de ingresos en forma de derechos de autor. Su sospecha es legítima: ¿cómo puede un mismo texto sobre emprendedores ser útil a personas tan distintas? La respuesta: porque, cuando se trata de emprender, la experiencia empresarial no garantiza el éxito. Los errores del emprendedor no suelen ser de gestión, sino errores propiciados, paradójicamente, por la misma fuerza que induce a emprender: la ilusión.

En efecto, la ilusión es el motor del emprendedor, pero también su peor enemigo. La ilusión ciega incluso al más experto director general. No estoy afirmando que la ilusión sea una fuente de errores en sí misma, pero es un velo que, a menudo, impide ver la realidad tal como es. Y, sin duda, la principal causa de los nuevos negocios que fracasan es la falta de objetividad de quien los emprende, la incapacidad para asimilar la realidad tal como es.

Adicionalmente, no es preciso ser un licenciado en económicas o empresariales ni haber seguido un curso de gestión empresarial, máster o posgrado para comprender este libro. Este no es un libro técnico, y lo que aquí se expone puede ser asimilado por cualquier persona.

Así que me ratifico: «Para todos los públicos» que están pensando en emprender un negocio.

¿QUÉ TIENE ESTE LIBRO QUE NO TENGAN OTROS?

Se han escrito multitud de libros para emprendedores. Probablemente, en la misma estantería de donde tomó este ejemplar hay expuestos varios títulos dirigidos a emprendedores. ¿En qué se diferencia este ¿Por qué añadir un título más a un área donde ya se ha dicho casi todo?

Por dos motivos.

Primero, porque este libro aborda lo que no se dice en casi ninguno de ellos, por estar «mal visto».

En el momento de emprender un negocio a nadie le gusta que le expliquen cómo reaccionar cuando su socio, que dos meses atrás estaba como loco con la idea, le diga que no lo ve claro y, de pronto, uno se queda solo ante el peligro.

Tampoco a nadie le gusta que le digan que su gran idea no es lo importante, o que su ilusión por emprender responde en realidad al incontenible y universal deseo de darle una patada a su jefe ahí donde acaba la espalda o que no tiene suficiente coraje para ser emprendedor…

En su lugar, los manuales sobre nuevos negocios se centran en cómo confeccionar presupuestos, en los aspectos técnicos que hay que tener en cuenta (capital, inversiones, etc.); abordan modalidades legales y formas jurídicas, las diferentes (pocas) ayudas públicas y fuentes de financiación. Este libro no se adentrará en estos aspectos. No porque no sean necesarios, sino porque ya están bien cubiertos y, lo más importante, porque, bajo mi particular punto de vista, no son los causantes de que los emprendedores fracasen.

Los negocios no suelen fracasar por falta de competencias técnicas de sus emprendedores, sino debido a motivos mucho más mundanos: problemas personales, desavenencias con los socios, falta de sentido común, exceso de expectativas, miedos y/o nimios errores que, con el tiempo, se convierten en verdaderos problemas que arrastran el negocio a su inviabilidad.

Así pues, aquí va a abordarse lo que no es habitual encontrar en manuales de empresa ni escuelas de negocios.

Como la película de Woody Allen: todo lo que siempre quiso saber sobre emprender y nunca se atrevió a preguntar.

El segundo motivo tiene que ver con el concepto de fracaso.

Un 90 por ciento de los emprendedores fracasan antes de cuatro años. Algunas fuentes arrojan cifras más lamentables, como 95 por ciento de fracasos antes de cinco años. En España se disuelven cada año cerca de diez mil sociedades mercantiles, así que no podemos esconder las verdades en lo que respecta a la aventura de emprender.

Un fracaso acarrea muchos sufrimientos personales y familiares que pueden ahorrarse conociendo de antemano cuáles son los principales motivos por los que fracasa un emprendedor. Sin embargo, sorprende que la mayoría de libros para emprendedores se nutran de las historias de éxito y de triunfadores del «mundo mundial»: que si Richard Branson, que si el fundador de Ikea, que si los de YouTube...

He aquí una analogía imperfecta: sabiendo por qué otros tienen éxito evitará usted su fracaso.

Mentira.

Para evitar que un emprendedor fracase ha de saber por qué fracasaron aquellos a quienes no les fue bien.

Además, bajo mi punto de vista, analizar un éxito no reviste tanto sentido como comprender un fracaso. Un éxito es una oportunidad ya copada por otro, ¿por qué estudiarla entonces? Bueno, de acuerdo, siempre se puede aprender alguna lección o llevarse a otro sector una idea novedosa que un emprendedor aplicó en su área de actividad. Pero desde hace siglos se sabe que «se aprende de los errores». Y no había (o yo no he sabido encontrar) un libro sobre cuáles son las principales fuentes de fracaso de un emprendedor. Igual que la literatura de gestión acuñó el término FCE (factores clave de éxito), me propongo introducir el de FCF (factores clave de fracaso). ¿Y por qué? Pues sencillamente porque para que los factores de éxito puedan tener alguna oportunidad de ser aplicados, el terreno tiene que estar previamente libre de factores de fracaso.

No tiene sentido ofrecer un buen servicio de restaurantes en unas pistas de esquí si los remontes se averían a menudo. Lo primero puede ser un factor clave de éxito, pero lo segundo es un factor clave de fracaso.

He comprobado empíricamente la necesidad de abordar este tema. Por curiosidad, he tecleado en Google «factores clave de éxito» (así, entre comillas) y la búsqueda arroja 20.900 entradas. Luego he tecleado «factores clave de fracaso» y el señor Google ha escupido nada más y nada menos que… dos entradas. ¡Dos en toda la red!

Claro, cosas del idioma. La literatura de negocios tiene su sede en la lengua de Shakespeare. Probemos en inglés. «*Key success factors*» ofrece 636.000 entradas en Google y «*key failure factors*» solamente 119. Vamos, que de cada 100 textos que, sea en inglés o en castellano, han tratado factores explicativos de la actuación empresarial o emprendedora, un 99,98 por ciento se han centrado en los de éxito y un 0,02 por ciento en los de fracaso.

No entiendo nada. El 95 por ciento de los emprendedores fracasan antes del quinto año y sólo el 0,02 por ciento de los textos de empresa se dedican a analizar por qué. En cambio, venga a insistir con los ganadores. ¿No es mucho más lógico dar a conocer las piedras con las que tropiezan el 95 por ciento de los emprendedores que analizar a un 5 por ciento de hombres o mujeres de éxito?

Claro, quizá cada persona fracasa por un motivo distinto y no existe una lista universal de factores de fracaso. Me resisto a creerlo. Porque, si hacemos honor a la condición humana, estaremos de acuerdo en que el ser humano tropieza siempre con las mismas piedras. Por tanto, saber cuáles son puede ayudar a muchísima gente.

Creo firmemente que seremos mucho más útiles a los emprendedores ayudándoles a identificar primero lo esencial, lo que no debe fallar. Solventado esto, cada emprendedor tiene ya la suficiente capacidad e inteligencia para identificar sus propios factores de éxito.

Pero este libro es algo más. Reza el subtítulo: «No digas que nunca te lo advirtieron».

Esto de emprender es un asunto serio. No estamos hablando de montar la tienda de la Señorita Pepis o un puesto de pulseras en una playa de Ibiza. Estamos hablando de emprender, de jugarse el dinero propio, de arriesgar una carrera profesional, de comprometer la economía familiar del emprendedor y, a menudo, su propio patrimonio.

La Fundación Cultural Banespyme de Banesto tiene como objetivo fomentar el espíritu emprendedor en España. Pero igual que se habla de consumo responsable y de responsabilidad social corporativa[1], ahora que eso de ser responsable está tan en boga, también es necesario fomentar el espíritu emprendedor de un modo responsable.

¿Qué quiero decir? Pues que fomentar el espíritu emprendedor no sólo debe perseguir que haya más emprendedores, también ha de asegurarse de que éstos lo sean de más calidad. Animar a emprender a personas que no están preparadas no es fomentar el espíritu emprendedor, es un ejercicio de irresponsabilidad. Por eso la Fundación Cultural de Banesto ha querido dedicar recursos y tiempo a explorar esta cuestión.

Es cierto. Emprender es demasiado importante como para que no haya un libro que advierta de los lados más oscuros del oficio de emprendedor.

He querido escribir un libro realista. La verdad de lo que supone emprender. Una actividad que procura muchas satisfacciones, pero también muchos dolores de cabeza y duros momentos. Es bueno que el emprendedor sepa cuáles son, que tenga una idea aproximada de lo que se va a encontrar.

No es mi intención desmotivar al potencial emprendedor. Eso sería, sencillamente, sadismo. Pero una persona que, tras la lectura de estas líneas, decida no seguir adelante era, con casi toda probabilidad, un fracaso empresarial en potencia, la crónica de una muerte anunciada. La ingenuidad

---

1. Políticas empresariales destinadas a mejorar la imagen social de la empresa a través del mecenazgo de políticas relacionadas con el arte, la cultura, el Tercer Mundo, la ecología, etc.

es a veces buena, pero, en el caso de emprender, es muy peligrosa. Así que cuanta más información y más realista, mejor.

Insisto: el propósito de este libro no es desanimar al emprendedor, sino todo lo contrario: que el verdadero emprendedor se reconozca a sí mismo y se lance a la aventura.

En resumen, este libro es su prueba de fuego definitiva. Si al volver la última página aún quiere seguir adelante con su idea, sin duda alguna es usted un emprendedor auténtico. Porque le aseguro que voy a ponerle más palos en la rueda que en la entidad financiera donde irá a pedir el crédito para su nuevo negocio.

De hecho, este libro va a ser como un combate de boxeo. Le propongo el siguiente juego. Usted es uno de los púgiles, el aspirante a emprendedor. Y supongamos que el libro es el campeón del mundo de los pesos pesados, que defiende el título mundial. Vamos a mantener un combate de 14 asaltos. El libro va a lanzar muchos derechazos a su hígado y veremos si usted, querido lector o lectora, aspirante al título, va a aguantarlos.

Por eso el libro está planteado en 14 asaltos, organizados en cinco partes. Si al final de los 14 asaltos, aún se sostiene usted en pie en el ring y manifiesta que quiere seguir adelante con su idea de negocio, entonces el aspirante habrá derrotado al campeón. En tal caso, le aseguro que es usted un emprendedor auténtico y que tiene muchos puntos para mantener el título en su poder durante años y años.

Pero no me conformaré con sólo dar puñetazos. Plantear un problema sin sugerir una solución es propio de una mentalidad destructiva. Y este libro no lo es. He procurado aportar las soluciones e ideas que permitan al emprendedor minimizar al máximo los factores clave de fracaso (FCF) que, fruto de mi investigación, experiencia y trabajo de campo, he identificado.

¿QUIÉN SE HA CREÍDO EL AUTOR QUE ES?

Ya se sabe que *excusatio non petita, accusatio manifestat* (una excusa no solicitada manifiesta acusación). No pretendo justificar mis competencias para acometer este breve ensayo. Si lo escribo es porque me creo capacitado para ello. Pero pienso que un emprendedor que va a arriesgar su carrera, tiempo y dinero en montar un negocio tiene derecho a valorar si esta fuente es, a la vista de sus necesidades, suficientemente sólida.

Para escribir este libro me ha servido relativamente poco mi licenciatura en Ciencias Empresariales, mi MBA y, aún menos, mis 14 años como profesor en ESADE. No escribo este libro como académico, sino desde mi vertiente de emprendedor.

Ni soy ni he sido un gran empresario, pero sí un emprendedor. Abordaré este aspecto en el último asalto: hay que distinguir entre emprendedor y empresario. En el momento en que mi empresa adquirió cierta dimensión, decidí dejar de trabajar en ella y ponerla en manos de un director general independiente. Digamos que me divierte más crear que gestionar. Soy mucho más emprendedor que empresario.

Fundé mi empresa en 1996, con 28 años de edad. Llevaba seis años trabajando por cuenta ajena. Emprendí con un socio, 100.000 pesetas de capital y muchas ilusiones. Durante los primeros seis años reinvertí todo lo que la empresa generaba. Era un doble o nada continuo. Y salió bien. Sin embargo, era joven, carecía de experiencia como emprendedor, y cometí muchos errores. Pero pude, siempre con la ayuda de las personas con quienes trabajé, superar en mayor o menor medida cada uno de ellos.

En el momento en que escribo estas líneas, la consultoría de investigación de mercados que fundé tiene oficinas en Barcelona y Madrid, da empleo a casi una cincuentena de personas y ha trabajado para más de 100 corporaciones de casi todos los rincones del mundo. Por tanto, mi experiencia de emprendedor se centra en el sector servicios de una empresa que pasó de despacho profesional a pequeña empresa, de pequeña empresa a mediana, y de mediana a grande dentro del sector servicios. Nunca hubiese escrito este texto sin haber pasado por esos 10 años de aventura empresarial.

Reitero que el párrafo anterior tiene el único propósito de informar al lector que desconozca mi trayectoria profesional en el mundo de la empresa. Congratularme de ello por escrito sería un ejercicio de vanidad innecesario. Mis logros profesionales parecerán fantásticos para algunos y nimios para otros. Los expongo sólo para aportar más información al lector a la hora de ponderar lo que las próximas líneas contienen.

Mi vertiente de emprendedor no ha sido la única fuente de inspiración. También me he basado en las experiencias de otros emprendedores que he tenido la ocasión de conocer: personas que fundaron negocios con quienes he compartido alegrías y penas, y con quienes he podido contrastar criterios, decisiones y dudas.

También me ha servido mucho ver de cerca bastantes casos de personas a punto de emprender un negocio. Nunca me he dedicado al asesoramiento de emprendedores (ni me dedico a ello), pero, sobre todo durante la última década, he atendido a decenas de conocidos o familiares que me pidieron consejo antes de emprender sus negocios. En algunos casos he podido seguir su evolución, lo que me ha ido dando cierta perspectiva de sus aciertos y errores.

Mi método de trabajo para este ensayo fue el siguiente. Primero, me documenté cuanto pude sobre la materia. Después, en función de mi experiencia y todo lo que había leído, enumeré una primera relación de los que consideré FCF.

Con esta primera lista me disponía a acometer el libro cuando, de pronto, me percaté de las consecuencias de no ir un punto más allá. Muchas personas leerán este texto. Puedo estar influyendo en sus vidas y en sus decisiones, y eso es una gran responsabilidad. Decidí que estaba obligado a contrastar mis conclusiones. Fue por eso que entre la Fundación Cultural Banesto y yo organizamos una ronda de entrevistas con todo tipo de emprendedores.

La idea era que el programa «Emprendedores» de la Escuela Banespyme abordase en su cuarta edición los fracasos empresariales para ayudar a otros emprendedores a identificar dónde se producen éstos. Así que parte de las entrevistas fueron grabadas y emitidas en televisión durante este año 2007. Tanto estas entrevistas como las que realicé por mi cuenta están reflejadas en las conclusiones de este libro.

Seleccionamos personas con diversas características. Una, que tuviesen una experiencia mínima de 10 años como emprendedores. Dos, que o bien hubiesen experimentado un fracaso (es decir, cerrar una empresa que crearon), o que hubiesen pasado por momentos realmente críticos y que, por tanto, pudiesen explicar qué error les puso en esa tesitura de la que finalmente pudieron salir y otros no salen nunca. En tercer lugar, quisimos una muestra muy diversa. Entre las personas entrevistadas hay desde un dentista hasta el propietario de una industria química, pasando por emprendedores que montaron empresas de servicios profesionales o cadenas de restauración.

Lo cierto es que el libro no sería lo que es sin sus aportaciones. Esta fase final del proceso fue fundamental y tuvo un significativo impacto en el resultado final del libro. Las entrevistas tuvieron una triple utilidad. Primero, la de confirmar mis hallazgos. Los que consideré FCF fueron en su mayoría confirmados por otros emprendedores. Segundo, los matices. En la vida los matices son fundamentales. También lo fueron en esta investigación. Muchas de mis conclusiones ganaban valor si aprendía a matizarlas de modo adecuado. Tercero, para identificar dos FCF que no identifiqué en la primera fase. En definitiva, confirmación de mis hipótesis, introducción de matices y aportación de nuevas ideas.

Quisiera agradecer especialmente las contribuciones de las entrevistas que me concedieron Juan José Nieto, Juan

Mateo, Felip Artalejo, José Aguirre, Armando Lerís, Víctor Arrese, Josep Lluis Lloreda, Xavier Gabriel, Juan Eusebio Pujol, Josep Lagares, Ferran Soriano, Jose María Ruiz Millet, Emilio Mayo y Ramón Rocasalbas. Ellos me dedicaron más tiempo que nadie y es por eso que la mayoría de testimonios que he incluido son suyos.

Reitero: el libro no sería el mismo sin ellos y, lo más importante, probablemente no me sentiría tan cómodo para influir sobre multitud de personas que van a emprender sin el espaldarazo que estos emprendedores me dieron con sus opiniones.

También creo que soy la persona adecuada para escribir este libro porque tengo la experiencia e ingenuidad justa.

Ya se sabe que la ingenuidad disminuye a medida que nos hacemos mayores y la experiencia, en cambio, aumenta. En estos momentos tengo 39 años. Empecé a trabajar hace ya casi 17 años. Estoy en el punto donde la curva de ingenuidad (que decrece con el tiempo) y la de experiencia (que aumenta) se cruzan. En ese punto de intersección, tengo la experiencia suficiente para hablar de este asunto y estoy en un nivel de ingenuidad que todavía me induce a pensar que alguien hará caso de lo que aquí se expone.

Del mismo modo que un anciano no da consejos a su nieto sobre asuntos que él habrá de descubrir por sí mismo, a veces pienso que estos consejos no van a servir de nada porque son cosas que también el emprendedor debe ir descubriendo por sí solo.

Pero lo dicho, mi ingenuidad aún me hace creer que alguien tendrá en cuenta este libro a la hora de emprender.

Y, por si fuera así, quisiera lanzarle una...

ADVERTENCIA: HA COGIDO UN EJEMPLAR DEFECTUOSO

Desde un inicio voy a ser muy sincero.

Ha adquirido (o está hojeando de extranjis) un ejemplar defectuoso. No, no mire el encolado ni las cubiertas. Las hojas están bien numeradas.

El defecto es otro.

No es seguro que todo cuanto aquí se afirma sea cierto. De hecho, ya le anticipo que he dado de alta una página en Internet donde la gente pueda votar y exponer su parecer a favor y en contra de las afirmaciones que aquí realizo.[2]

Pero esto no es diferente a lo que sucede con cualquier otro manual de economía o empresa. Las ciencias económicas (¿ciencias?) y las ciencias empresariales (¿ciencias?) se caracterizan por tener más excepciones que reglas.

Es cierto. El mundo de los negocios está regido por una regla inquebrantable: no hay reglas válidas. No hay recetas cerradas. Lo que en un caso sirve, en otro es inútil. Lo que sería

---

2. www.triasdebes.net

recomendable en una situación, en otra sería una aberración. Si yo afirmase que las que aquí se ofrecen son verdades irrefutables, estaría atentando contra la verdad (valga la redundancia).

Muchas personas retaron las máximas de este libro y, sin embargo, tuvieron éxito. Ahora bien, ¿sabían que estaban contraviniendo las reglas? Soy de los que creen que no hay mejor estrategia que retar lo establecido... ¡pero sabiendo que uno va contra corriente!

Xavier Gabriel, el fundador de la administración de lotería de La Bruixa d'Or, que en el año 2006 facturó 102 millones de euros con cinco empleados y 100 metros cuadrados, dice que su estrategia ha sido hacer siempre lo contrario de lo que la gente dice que hay que hacer.

Estoy de acuerdo. Ser diferente asegura tener una propuesta única. Pero una cosa es ser distinto desde el desconocimiento, y otra, desde la audacia. Si uno conoce las reglas de juego, podrá contravenirlas con mayores garantías de éxito.

Los buenos innovadores no actúan a ciegas, y por eso no podemos hablar de inconsciencia, sino de creatividad empresarial.

Del mismo modo, usted puede no hacer caso de lo que aquí se recomienda y, aun así, tener éxito. Por eso estoy convencido de que el carácter defectuoso de este libro ayudará a muchos emprendedores: o les abrirá los ojos para modificar cuestiones que no habían tenido en cuenta o se mantendrán en sus estrategias con mayor conocimiento de causa.

Las cinco partes en las que se ha estructurado este ensayo corresponden a las áreas que concentran la mayor parte de factores que inducen al fracaso y que son: la naturaleza de la persona que emprende, los socios, la idea de negocio, la situación familiar del emprendedor y la gestión del crecimiento.

¡Gong!

Primer asalto.

PRIMERA PARTE

¿Emprendedor o probador de fortuna?

PRIMER ASALTO

LOS LAMENTABLES MOTIVOS DEL EMPRENDEDOR

Los motivos para emprender que son huidas hacia delante

Lo siento, la idea no es un motivo

Me gustaría comenzar por el motivo por el cual se está usted planteando emprender un negocio. Responder a esta pregunta no es sencillo porque requiere un ejercicio de honestidad importante por su parte. La mayoría de emprendedores, cuando se les plantea esta cuestión, acuden a una respuesta-salvavidas: la idea de negocio.

Quiero emprender porque he tenido esta idea. O bien, este producto o esta idea de negocio es lo que me lleva a emprender.

Esa respuesta no es válida. La idea es el objeto del negocio, pero nunca un motivo válido. Imaginemos a una persona que está pensando en hacerse escritor. Le preguntamos cuál es su motivo. Y el futuro escritor nos responde: «Es que se me ha ocurrido un argumento genial». ¿Qué pensaría usted? ¡Que no está ante un verdadero escritor! Y también pensaría: «¿Qué será de este escritor cuando haya acabado con este argumento?».

Pensar que la idea o la oportunidad detectada es el motivo que le induce a emprender es un autoengaño flagrante y demasiado habitual. La idea es el vehículo de la actividad emprendedora, pero nunca una motivación sólida y duradera.

Motivos lamentables

Pero la idea de negocio no es el único motivo en el que muchos emprendedores que luego fracasan se han apoyado para justificar su aventura empresarial. He aquí una lista de otros motivos, los más habituales:

1. Estar en paro y tener que salir adelante.
2. Odiar al jefe.
3. Odiar la empresa.
4. No depender de ningún jefe (no soporta recibir órdenes).
5. Compatibilizar la vida personal y profesional.
6. Tener libertad de horario.
7. Gozar de potestad para decidir cuáles son los días de vacaciones.
8. Ganar más dinero que trabajando por cuenta ajena.
9. Querer recuperar el patrimonio que perdió la familia.
10. Demostrar algo a los demás.
11. Demostrarse algo a uno mismo.
12. Demostrar algo a los padres.
13. Hacerse rico, dar un pelotazo.
14. Contribuir al desarrollo de la región.
15. Dedicarse a un tema que gusta y al cual no es posible dedicarse si no es emprendiendo.

Bueno, no están todos los que son. Pero la lista es bastante exhaustiva. Quizá usted se ha reconocido total o parcialmente en alguno de esos motivos.

Todos éstos constituyen los que denomino «lamentables motivos del emprendedor».

Los motivos del 1 al 7 de la lista anterior son en realidad huidas hacia delante de una situación personal o profesional que amarga y deprime a mucha gente, es el caso de personas que anhelan un cambio de vida que no saben cómo acometer. Por eso los llamo «lamentables». Porque es una pena que alguien se encuentre en tales circunstancias. Lo lamento de veras si es su caso.

Pero también los motivos que van del 8 al 15 son lamentables. Quizá menos que los 7 primeros, pero igualmente cuestionables para caracterizar al auténtico emprendedor.

¿Por qué lamentables? Porque, y esto que voy a decir es clave, el motivo que lleva a emprender guarda una relación directa con las probabilidades de éxito. En otras palabras, un motivo lamentable como los de la lista anterior suele ser un factor clave de fracaso.

Como me dijo Juan Mateo, «no tiene sentido emprender debido al síndrome del domingo por la tarde». Juan José Nieto lo expresó con mayor claridad: «Cuando son las circunstancias las que le obligan, estamos ante un emprendedor carambola. Ahí se dan tremendas historias de fracasos e ilusiones rotas. Pero, en fin, de todo se aprende…».

José Aguirre, uno de los entrevistados, hoy un emprendedor de éxito, me explicó cómo él mismo, ¡una misma persona!, obtuvo distintos resultados en función del motivo que le llevó a emprender: «Es cierto que las huidas hacia delante son, en muchos casos, augurios de un fracaso. Yo he emprendido por diversos motivos. En el caso de la editorial que se me hundió, estaba en realidad buscando una salida. En cambio, en Bestiario, mi actual empresa, no huía de nada, sino que tenía una ilusión y una visión que estaba por encima de cuál era mi situación laboral o personal».

Emprendedor carambola es una muy acertada denominación. ¿Es usted un emprendedor carambola? Expresado de modo distinto: ¿es usted un emprendedor de verdad o un probador de fortuna?

No me cuente otra vez lo de su idea, no se aferre al salvavidas. Olvídese por un momento de la idea y piense, a título personal, en la dimensión vital. ¿Qué le mueve realmente a emprender? Un escritor no se convierte en tal porque tiene un argumento, sino porque desea ser escritor. Pues lo mismo para el emprendedor.

¿Demasiadas excepciones?

Bien, dicho esto, ahora voy a contradecirme para después aclarar mejor esta cuestión. Conozco muchos casos de personas a las que las circunstancias les impelieron a montar un negocio y después tuvieron un éxito apabullante. Concretamente, recuerdo el caso de un director de oficina bancaria al que prejubilaron con 50 años. Como la indemnización no iba a ser suficiente para lo que le quedaba de vida, se puso a buscar trabajo de nuevo. Nadie quiso contratar a alguien con 50 años. Así que montó una pequeña inmobiliaria. Hoy factura más de 15 millones de euros.

No es el único ejemplo. Una de las personas a las que entrevisté tuvo un motivo absolutamente rompedor para convertirse en emprendedor. Su familia había tenido una industria muy importante y, debido a una crisis en el sector en la década de 1960, lo perdieron todo. Para indemnizar a los 150 trabajadores de la fábrica, su padre hubo de vender todo el patrimonio. Su hijo se propuso darle a su padre la satisfacción de ver recuperados todos sus bienes. Este fue su *leitmotiv* hasta lograrlo. El último año de vida de su padre, este emprendedor lo empleó en adquirir exactamente los mismos terrenos y pisos que su padre vendió para que, antes de morir, viese restituido todo aquello que «había perdido».

¡Incluso en mi caso yo tuve un motivo de los lamentables! Yo me hice emprendedor porque no me gustaba el entorno de multinacional. Además, miré hacia arriba y comprobé que por encima de mí, con más de 40 años, sólo estaba el director general. En aquel momento yo tenía 27. Pensé que una carrera en una multinacional era insegura y por eso emprendí un negocio. Pero me fue bien y, lo reconozco, mi motivo para montar una empresa era uno de los «lamentables».

Y, como estos tres casos, muchos más. Personas que, sin comerlo ni beberlo, se dieron cuenta de que no tenían más remedio o salida que emprender y tuvieron un éxito formidable. Para cada motivo lamentable, encontraremos no una, sino infinidad de personas a las que les fueron bien las cosas.

¿Qué pasa entonces con eso de que los motivos lamentables no proporcionan éxito? ¿Es o no es así?

El motivo es irrelevante mientras haya motivación

Vayamos a la explicación. Porque aquí el matiz es tremendamente importante:

Tenemos que distinguir entre dos términos tan próximos en su fonética como distintos en su significado: motivo y motivación. Un motivo es un detonante, es una causa. Por ejemplo, el detonante de que el director de oficina bancaria montase su inmobiliaria fue el despido o jubilación anticipada. Pero otra cosa es la motivación. Ésta hace referencia a las ganas, a la ilusión, al deseo profundo de emprender. El motivo que provoca su decisión no es importante mientras haya una ilusión real.

Felip Artalejo me dijo: «Creo que la motivación (entendida como ilusión) es determinante para el buen progreso del emprendedor. Sin ilusión sólo se conseguirá el éxito con mucha suerte (estar en el momento adecuado en el sitio adecuado). Por ejemplo, es muy posible que un emprendedor en el sector de la construcción en España actualmente pueda conseguir el éxito, pero si no hay una fuerte ilusión detrás no durará mucho tiempo».

Ferran Soriano es aún más contundente: «Sólo hay un rasgo que caracteriza al emprendedor verdadero, que es la voluntad e ilusión. El que lo hace por otros motivos, al no ser una motivación auténtica, encontrará en el camino retos descomunales que no podrá superar. Sólo puedes superarlos si lo que te mueve es ser emprendedor. Si te mueven motivos colaterales, no lo vas a superar porque tus motivos no están en la esencia de lo que significa ser emprendedor».

Para entendernos: ser despedido es un motivo, pero no asegura motivación suficiente para emprender un negocio. Las verdaderas motivaciones son: la ilusión y el deseo de emprender *per se*, como *modus vivendi*.

Pongamos un símil: para explotar, una bomba precisa de un detonador y de dinamita. El caso que nos ocupa es aquel donde hay detonador y no hay dinamita; hay argumento, pero no escritor; hay motivo, pero no motivación; hay causa que lleva a emprender un negocio, pero no hay ilusión suficiente.

¿Por qué no se da cuenta de ello el «falso emprendedor»? Pues porque el detonador se confunde con la dinamita. La presencia de un motivo inhibe la toma de conciencia de cuán importante es la motivación. Eso es lo más peligroso.

Los motivos son como un espejismo: estoy en el paro, ergo, voy a emprender. Ya tengo justificación. ¿O no es motivo suficiente no tener ingresos? O, por ejemplo, he conseguido una exclusiva para España de un producto asiático. ¿O no es motivo suficiente haber conseguido un producto en exclusiva?

EL LIBRO NEGRO DEL EMPRENDEDOR

Pues no, no es suficiente. Repito: son motivos, pero no aseguran una motivación sólida y duradera, la del auténtico y verdadero emprendedor. Igual que el hábito no hace al monje, el motivo tampoco hace al emprendedor.

Bien, supongo que ahora ya habrá identificado, en su caso, el motivo, el detonante que le lleva a emprender. En casi todos los casos hay un detonante. Ninguna bomba explota si el detonador no la enciende. Tener motivo para emprender no es ni bueno ni malo. Es irrelevante.

Por tanto, en realidad es poco importante cuál de los 15 motivos de la lista con que se iniciaba este asalto es el suyo. Lo que de verdad importa es si hay dinamita. ¿Hay, en su caso particular, una motivación suficientemente sólida? ¿Tiene usted verdadera naturaleza de emprendedor? ¿Tiene madera para emprender?

Fin del primer asalto. Pasemos al siguiente para responder estas cuestiones.

• R E S U M E N •

La idea de negocio no es un motivo. No la tenga en cuenta para tomar su decisión. Además de la idea, cualquier otro motivo para emprender, entendido como detonante, es irrelevante. Lo importante es la motivación, es decir, si está suficientemente ilusionado con el hecho de emprender.

Primer FCF: emprender con un motivo, pero sin una motivación.

SEGUNDO ASALTO

EMPRENDEDORES Y BOMBEROS

Cómo saber si uno tiene madera de emprendedor

El falso emprendedor

Existen auténticos emprendedores y falsos emprendedores. No me refiero a falsos en el sentido moral, en el sentido de que pretenden engañar a alguien, sino en el sentido de que se están engañando a sí mismos.

Vamos a ver dos estadios muy básicos de falso emprendedor para después adentrarnos en la naturaleza del verdadero emprendedor.

En el nivel más básico de falsos emprendedores, se encuentran las personas que denomino «emprendedores NIF». Para éstas, ir al notario y constituir una sociedad mercantil supone convertirse en emprendedores. De hecho, uno de los síntomas de la persona que en realidad no tiene un ápice de emprendedor es el habitual y pomposo comentario de: «El día tal voy al notario», como si ir al notario le diese a uno el carné de emprendedor.

Emprender no es dar de alta una sociedad en el registro mercantil o independizarse de la empresa en la que uno trabaja. Eso son sólo trámites administrativos o legales que permiten trabajar por cuenta propia en lugar de por cuenta ajena. Está claro que un negocio debe operar bajo un número de identificación fiscal y una forma legal determinada. Son pasos necesarios para emprender, pero no es emprender.

Esta distinción puede parecer una obviedad, pero no lo es. Se llevarían las manos a la cabeza si supieran la cantidad de personas para quienes tener un NIF procura una increíble tranquilidad y seguridad.

Ir al notario nos permite fanfarronear en una cena de amigos de que acabamos de iniciar un negocio o de que tenemos nuestra propia empresa, pero, de momento, lo único que hemos hecho ha sido gastar dinero.

En un segundo estadio, tenemos las personas que denomino «emprendedores idea feliz». Para éstos una idea de negocio determinada, conseguir una franquicia, exportar o importar en exclusiva una marca o producto determinado supone ya ser emprendedor. La idea se convierte en su salvavidas, en la piedra filosofal que todo va a solucionarlo. Veremos más sobre esto en la tercera parte.

Emprender no es dar de alta una sociedad, no es montar una tienda, una agencia de publicidad o una empresa de exportación. Emprender no es montar un negocio. Emprender no es siquiera un modo de trabajo.

¿Qué es entonces emprender?

Emprender es una forma de enfrentarse al mundo, es una manera de entender la vida con la que no todo el mundo se siente a gusto. ¿Y cuál es esa forma de vida? Es aquella en la que la persona disfruta con la incertidumbre y la inseguridad de qué pasará mañana. El verdadero emprendedor es aquel a quien lo incierto procura un especial placer.

En cierta ocasión, esperando en una sala para entrar en un plató de televisión donde iba a ser entrevistado a propósito de uno de mis libros, tenía a mi lado a un miembro del Cuerpo de Bomberos de Barcelona. Le pregunté por su profesión. «¿Por qué bombero?», quise saber. Su respuesta fue rotunda. Me dijo: «Todo bombero no desea otra cosa en la vida más que ser bombero. Va más allá de la vocación. Ser bombero te proporciona una forma de vida que ninguna otra profesión te ofrece, la posibilidad de arriesgarte en un escenario real. Esto no es teatro, no es un parque de atracciones donde los riesgos son ficticios. Los riesgos que corremos cada día son reales; un incendio, un escape de gas, un edificio que se ha derrumbado... No puedes imaginarte lo que se siente, es adrenalina pura, es una forma de vida que se convierte en una droga a la que no se puede renunciar».

El bombero no mencionó cuánto cobraba ni cuántos días libraba. Me contó que había sido maestro de escuela y que, sin embargo, desde pequeño había tenido (¡y sentido!) la necesidad de ser bombero. Mientras ejercía de maestro se preparó para las oposiciones a bombero, y, cuando las hubo aprobado, abandonó las aulas para ponerse el casco y apagar fuegos. Y ahí estaba, a punto de entrar en un plató de televisión para explicar su última aventura por las calles de Barcelona.

Pues igual que la persona con vocación de bombero acaba siéndolo, el emprendedor con vocación, tarde o temprano, también. No podrá evitarlo.

El bombero disfruta con la incertidumbre y la experiencia del riesgo. He aquí la primera prueba de fuego (¡nunca mejor dicho!) que deben pasar un bombero y un emprendedor. Si usted es una persona que no disfruta con la incertidumbre, es que no es un emprendedor. Es cierto que uno puede acostumbrarse a la incertidumbre y que ésta es a menudo la causa de muchos dolores de cabeza de los emprendedores, pero otra cosa bien distinta es saber que a uno le vencen la incertidumbre y el riesgo.

Hay gente que prefiere la seguridad, la rutina o, sencillamente, que sea otro quien acarree con la responsabilidad de unas nóminas. No es mejor ni peor. Es una opción válida. Pero esas personas, cuando montan un negocio, se estrellan. Porque no se da la característica esencial que todo emprendedor debe tener: el deseo de moverse en un entorno incierto.

La Asociación de Jóvenes Emprendedores de Murcia me invitó una vez a dar una conferencia a sus asociados. Una persona con quien compartí la clásica mesa redonda con que suelen clausurarse estos eventos dio una definición de empresario que no puede ser más acertada: «El empresario es la persona que se mueve en un mundo incierto para que los que trabajan para él crean que ese mundo es seguro».

El mundo es, por definición, incierto. Nadie puede asegurar nada, ni tan siquiera el presente. Pero no a todo el mundo le gusta sentir eso en su piel todas las mañanas laborables (y no laborables) de su vida.

Emprender es el acto de reducir la incertidumbre en uno de los actos más antiguos de la humanidad: el intercambio, el comercio.

Emprender es esa forma de vida y de encarar el mundo: aceptar la incertidumbre como el principal de los ingredientes. Aún más: de hecho, la verdadera y única causante de que la acción emprendedora tenga sentido es la propia incertidumbre.

Jorge Wagensberg escribió: «La felicidad requiere que el futuro sea incierto». Pues el emprendedor aún lo requiere más.

Un rasgo que caracteriza a los auténticos emprendedores es que no contemplan la posibilidad del fracaso. No es que estén ciegos o sean ilusos. Seguramente no lo son y sus dosis de realismo son elevadas. Pero su ilusión puede más que todo ello. Me dijo Juan Mateo, emocionado: «Cuando emprendes de verdad, el fracaso no lo contemplas. Todo empieza con un sueño. Te imaginas un escenario que te emociona lo suficiente como para dejarte la vida por conseguirlo. Es como cuando te casas. En principio es para toda la vida. Tiene un punto de locura, de inconsciencia. El fracaso no entra en los planes, ni tan siquiera se considera».

No pierda el tiempo. Si ahora ya sabe que nunca va a ser capaz de adaptarse a esa incertidumbre, plantéese si llevar a término el negocio que le ronda por la cabeza. No piense en su idea, analice si le apetece que esa idea sea la que traiga la incertidumbre a su vida.

Emprender por el placer de emprender

Recuerdo otra conversación con un emprendedor nato que tiene más de siete negocios, da empleo a varios cientos de personas y factura más de 100 millones de euros anuales. Le pregunté si siempre había querido ser emprendedor. Me respondió así: «No, de pequeño quería ser médico. Pero cuando lo soñaba, no me imaginaba a mí mismo con la bata blanca curando gente, sino que imaginaba que era el fundador y propietario de siete hospitales con más de mil médicos en plantilla...».

Asistimos con este testimonio a la segunda característica del emprendedor. Emprender se convierte en un medio y en un fin al mismo tiempo. Es parecido a lo que sucede con la creatividad.

Cuando un científico o un artista intentan crear algo nuevo, su campo de acción, su disciplina o especialidad es instrumento y fin. Un escritor que desea crear un nuevo estilo literario hace de la literatura una herramienta y una meta a la vez. Asistimos a la denominada motivación intrínseca de las cosas. Bajo esa motivación, cualquier estimación de riesgo es estéril. Sencillamente, se desea lo que se hace y punto.

Es un deseo que nace dentro de uno y que no goza de mayor explicación. En este segundo caso, no hace falta que uno se plantee si se sentirá a gusto en la incertidumbre porque, como la persona de la que di su testimonio, lo único que desea es consolidar los siete hospitales. ¿Qué sentido tiene? Ninguno. Tiene el mismo sentido que pintar el *Guernika* o escribir *Cien años de soledad*. Como dijo Paul Auster en su discurso de aceptación del Premio Príncipe de Asturias de las Letras tratando de explicar en qué consistía escribir: «¿Y por qué se empeñaría alguien en hacer una cosa así? La única respuesta que se me ha ocurrido alguna vez es la siguiente: porque no tiene más remedio, porque no puede hacer otra cosa. Esa necesidad de hacer, de crear, de inventar es sin duda un impulso humano fundamental. Pero ¿con qué objeto? ¿Qué sentido tiene? Ninguno que se me ocurra...».

Puede pensarse que el emprendedor quiere ganar dinero, hacerse millonario, quiere dejar su impronta en el mundo, quiere ser *alguien*, quiere crear empleo, crear riqueza en su región y un largo etcétera de motivaciones que justifiquen la utilidad de su acción emprendedora. Puede haber algo de todo ello, pero el verdadero emprendedor va más allá de todo eso. La realidad es que él, como Auster afirma en el caso del creador literario, *no puede hacer otra cosa.*

Carlos Barrabés, creador junto a su hermano José Cristóbal de la web líder de venta de material de escalada y de alta montaña, comenta en uno de los programas emitidos en TVE2 por la Escuela Banespyme: «Un emprendedor se reconoce a sí mismo porque tiene un vacío interior. Esto no quiere decir que no sea feliz. Posiblemente sea feliz. Pero tiene un vacío interior, realmente profundo, que llenar. Y la única manera que tiene de llenar ese vacío interior es creando conceptos. Y no muchas cosas más. Con eso ya sabe si es un emprendedor o no».

Recomiendo escuchar este testimonio en directo en www. banespyme.org[3]. Porque una cosa es leerlo y otra oírlo con la voz quebrada y emocionada de un emprendedor.

Fijémonos que el concepto del que habla Carlos Barrabés no es muy distinto al de vacío interior que mueve al artista a crear. Hay mucha concomitancia entre los motivos del emprendedor y los del creador a los que se refería Paul Auster.

De hecho, varios de los entrevistados me aseguraron que reconocían al verdadero emprendedor porque «al ganador se le adivina en la mirada. Lo ves en los ojos, en cómo te mira cuando te habla del negocio que va a montar. Y cuando fracasa, lo vuelve a intentar».

Otro me dijo: «Reconozco al verdadero emprendedor porque cuando me explica su proyecto y le pregunto "¿Lo tienes claro?", me responde que no hay nada que desee hacer más».

La ilusión, motor y combustible al mismo tiempo

Tanto el que soñaba con sus siete hospitales como el que amaba la incertidumbre deseaban más que nada en este

---

3. http://banespyme.org/Banespymes.do;jsessionid=19352BCAC7D-54DA1A24BEB2C5CA3A30F?id=3&prefix=/emprendedores&page=/ver-CapituloTV.do

mundo ser empresario y bombero, respectivamente. Uno deseaba el riesgo y el otro la posibilidad de *crear* algo grande.

Ambos testimonios contienen la esencia de lo que significa ser emprendedor.

El amor a la incertidumbre y el placer por la propia actividad emprendedora proporcionan tanto el motor como el combustible que mueve al emprendedor: la ilusión.

Si en algo han coincidido las decenas de testimonios con los que he contado para la elaboración de este libro, ha sido en este punto. El emprendedor saca su energía de un combustible llamado ILUSIÓN. Para emprender, como hemos avanzado en el anterior asalto, hay que tener una ilusión enorme, descomunal, infinita.

He aquí varios testimonios suficientemente elocuentes:

«Un emprendedor no se hace en una escuela de negocios. Nunca. Emprender es un acto emocional».

«Creo que ser emprendedor no es cuestión de conocimientos sino de carácter, y en estos casos, como antiguamente se decía, "A quien Dios no da, Salamanca no presta"».

«El verdadero emprendedor no necesita motivos externos. Lo hace para sí mismo, tiene que ver con su carácter».

Hemos hablado ya de la ilusión en el anterior asalto. Es lo que diferencia al verdadero del falso emprendedor. Es más, cuando se acaba la ilusión, es habitual que muchos negocios se vengan abajo.

Más allá de su motivo, cuya irrelevancia ya he puesto de manifiesto, la naturaleza del emprendedor, que le impele a disfrutar del propio acto de emprender y de la incertidumbre que conlleva, es su verdadero motor. La naturaleza del emprendedor genera en él una ilusión tan infinita como inagotable.

Fuera de ésta, cualquier otra motivación da como resultado a un tendero, a un tenedor de acciones o a un propietario de una empresa. Pero no a un emprendedor con todas sus letras.

Si no es su caso, tampoco hay que arrojar la toalla. Queda una opción: no tener naturaleza de emprendedor, pero poseer un salvoconducto para ello. A ello me refiero en el siguiente asalto.

• R E S U M E N •

Emprender no es una acción puntual, no es un lance de juego. Emprender es una forma de vida. El verdadero emprendedor necesita y abraza la incertidumbre. Si la incertidumbre le vence, piénseselo. El auténtico emprendedor disfruta emprendiendo, el acto de emprender es un medio y un objetivo al mismo tiempo.

La persona con carácter emprendedor es aquella que ama la incertidumbre y el propio acto de emprender.

Segundo FCF: no tener carácter emprendedor.

TERCER ASALTO

SALVOCONDUCTO PARA VIAJAR POR BUSINESSLANDIA

A falta de carácter emprendedor,
la condición que lo iguala

Espíritu luchador para las adversidades

Me gustaría ahora matizar lo expresado en el asalto anterior.

Yo puedo *no* tener las aptitudes para ser pintor, pero *sí* una sensibilidad artística que me permita hacer buenos cuadros. Yo puedo *no* tener naturaleza de deportista, pero aun así ganarme la vida con ello. Si exigiésemos a todo médico, deportista, ingeniero, abogado, etc., que tuviese las características fundamentales que se requieren para su profesión sobrarían la mitad de los médicos, deportistas, ingenieros, abogados, etc., que hay en el mundo.

En el caso de emprender hay una faceta personal que permite a cualquier persona sin madera de emprendedor ser capaz de sobrevivir y triunfar en casi cualquier aventura empresarial. Se trata de la capacidad de sobreponerse a las dificultades, de afrontar reveses. Llámele capacidad de sufrimiento, espíritu luchador, tenacidad…

EL LIBRO NEGRO DEL EMPRENDEDOR

Xavier Gabriel me explicó: «Cuando hice la serie de televisión, filmada en el Amazonas, tardé tres años en colocarla y venderla a diversas televisiones de tres continentes. Todo es constancia, tenacidad y perseverancia para un buen producto, para algo que tú fueses el primero en comprar sin dudarlo».

Partamos de la premisa de que rara vez, por no decir nunca, lo que logramos es lo que habíamos planificado. Oí decir una vez al reputado economista y buen amigo Xavier Sala-i-Martín que no hay nada más inútil que hacer planes. Volveré sobre esto en la quinta parte, pero lo que quiero resaltar ahora es que, tanto si sale todo mejor de lo previsto como si sale peor, los resultados de nuestra acción emprendedora nunca van a cuadrar con nuestras previsiones, con nuestros planes. Y en uno y otro caso, habrá problemas.

Cuando las cosas van peor de lo previsto, está claro cuáles son los problemas. Pero, incluso cuando van mejor, surgen nuevos problemas y retos que hay que afrontar y para los cuales tampoco estábamos preparados. De pronto hace falta más dinero, más inversión, más recursos... Conocida es la frase «morir de éxito».

O sea que, tanto por exceso como por defecto, la realidad no es nunca la que esperábamos encontrar.

Pero además de la diferencia entre realidad y expectativas, en la aventura de emprender surgen muchos otros imprevistos.

Por ejemplo, cuando monté mi empresa, dependíamos en gran medida de un cliente potencial que prometió convocarnos a concurso cuando tuviese proyectos que llevar a cabo. Construimos nuestro plan de negocio basándonos en esa oportunidad. De ese cliente dependía el 70 por ciento de la facturación prevista para el primer año. Surgió un proyecto en Lisboa y fuimos convocados. Para optar al concurso tuvimos que invertir una cantidad bastante fuerte de dinero, de hecho, más del 50 por ciento del capital del que disponíamos.

Nos presentamos y perdimos el concurso.

En aquel momento pudimos haber claudicado. Nuestro plan de negocio se sustentaba en aquel cliente potencial que quedó, en parte, defraudado por nuestra propuesta.

Eso es un imprevisto. Yo no me considero una persona con excesiva atracción por la incertidumbre y/o deseo por el propio acto de emprender. Pero creo que tengo un salvoconducto. Es decir, tengo espíritu luchador, no me rindo fácilmente. Esto se traduce en capacidad de examinar mis errores, aprender qué hago mal cuando me equivoco (sin fustigarme), corregirlo y poner ante mí nueva munición e ilusiones renovadas.

Las personas luchadoras se reconocen también porque son altamente competitivas. En deporte o en competiciones no les gusta perder. Es más, no les gusta perder ni al parchís, donde el resultado de la partida tanto depende de los dados.

La misma tarde en que nos comunicaron que habíamos perdido el proyecto le propuse a mi socio que trabajásemos durante dos semanas en cómo construir propuestas ganadoras, diferenciadas del resto. Nuestro error fue confiar demasiado en nuestras posibilidades. Éramos nuevos en el sector y nadie iba a contratarnos si no demostrábamos que sabíamos hacer las cosas mejor que nuestros competidores, incluso en el modo de elaborar un presupuesto y enfocar una propuesta de colaboración. Adicionalmente, decidimos no presentarnos a ningún otro concurso de aquel cliente tan importante hasta no haber ganado otros más pequeños de clientes con menor entidad.

Así lo hicimos. Y salió bien. Dos años después ganamos el primer concurso para ese cliente que antes nos había rechazado. Han pasado 10 años y mi empresa aún trabaja para ellos.

Este es sólo un ejemplo. Pero los emprendedores con experiencia saben que, como este imprevisto, los hay a patadas, y mucho peores: pérdida del principal proveedor, del principal cliente, de una exclusiva de importación, hundimiento del sector y un largo etcétera.

Ningún emprendedor ha dejado de cometer un gran error

Entre todos estos problemas, está el gran error. Que nadie olvide esto. No hay emprendedor o profesional que no haya cometido un gran error en su vida. Otra cosa es que lo reconozca o quiera explicarlo en público.

En una mesa redonda organizada por la Asociación para el Progreso de la Dirección (APD) que llevaba por título

«Innovation by example», David Costa, entonces socio director de la oficina de Barcelona, explicó cómo Everis (anteriormente DMR Consulting) fracasó en el proyecto más importante que ganó en su etapa de crecimiento. Era un proyecto para el Deutsche Bank que suponía unos honorarios de 900 millones de las antiguas pesetas. En aquel momento, DMR facturaba 1.200 millones de pesetas. Puede uno imaginar lo que significaba aquel encargo. La empresa no estuvo a la altura de las expectativas de su cliente. ¿Saben cuál fue la decisión de DMR después de varios años de trabajo? Devolver el dinero a su cliente y reconocer su error. Repito: devolvieron 900 millones de las antiguas pesetas.

Bien, esto es muy fácil de decir, pero en aquel momento podía haber supuesto el cierre de una empresa de varios cientos de trabajadores, de una empresa con un prometedor futuro. El final de esta historia es feliz. DMR, hoy Everis, sobrevivió a aquel error, sus directivos aprendieron que no debían aceptar encargos para los cuales no estaban todavía dimensionados y salieron adelante.

Pero debieron sufrir. ¡Caramba si debieron sufrir!

Sólo se puede confiar en las personas, instituciones o empresas que asumen la responsabilidad de sus errores. Esto que parece tan fácil es más inusual que un eclipse completo de sol. De veras que vivir con un error a cuestas o con haber sido pillado en falta es duro. Pero un emprendedor con salvoconducto sabe asumirlo y aprende de las adversidades. En lugar de deprimirse y enviarlo todo a hacer gárgaras, piensa, corrige y actúa.

Cuando lo que toca es redefinir

De todas las fuentes de imprevistos, tal vez sea ésta la funda-mental. Cuando uno plantea un nuevo negocio, encontrará que su idea tendrá que ser ajustada, adaptada, parcialmente modificada, o incluso, como en el caso anterior, redefinida. Surge entonces una sensación: ¡es que yo no quería un nego-cio así! El salvoconducto exige supeditarse a lo que el negocio debe ser o es más conveniente que sea, aunque no sea lo que nos gusta.

El emprendedor podrá toparse con problemas, pero jamás podrán quitarle el afán de salir adelante. El salvoconducto que, sin ser un emprendedor total, habilita para emprender porque arroja parejos resultados consiste en no derrumbar-se, en no rendirse, en cambiar lo que haya que cambiar cuan-do las cosas no son como preveíamos que iban a ser.

Si además tenemos en cuenta que jamás (¡jamás!) las cosas son como preveemos, eso significa que la capacidad de en-frentarse a las situaciones desconocidas, imprevistas y no deseadas condiciona absolutamente la supervivencia.

Recuerde que no fracasan las ideas, fracasan las personas. Re-cuerde que no fracasan los negocios, sino que son las ilusiones las que se dejan vencer por la falta de cintura, imaginación y flexibilidad para afrontar imprevistos.

Recuerdo que, con 28 años, un par de meses antes de em-prender mi empresa, en un vuelo entablé conversación con el pasajero que se sentó a mi lado. Era un emprendedor con muchos años de experiencia. Le expliqué que iba a iniciar un negocio en breve, pero que a veces dudaba sobre si yo era una persona adecuada para emprender. Me escuchó en silencio, miró por la ventanilla del avión, y luego me soltó una sola frase que a menudo mi socio me recuerda: «Para ser emprendedor, sobre todo hay que ser un gran fajador».

¿De qué depende tener o no salvoconducto?

En este punto, el lector puede preguntarse de qué depende que una persona sea así de tenaz y luchadora y, en cambio, otra no lo sea. No está documentado, pero depende, sobre todo, del entorno en el cual uno ha nacido y crecido, donde ha sido educado.

«La inquietud y las ganas de aprender, el afán de superación crean el carácter curtido y forjado[4]».

Es cierto que hay emprendedores que lo son genéticamente. Es algo inexplicable, son personas con un afán emprendedor que reside en su propia naturaleza. Pero esto no es lo habitual. El emprendedor normal se hace gracias al entorno personal o profesional en el que se ha desarrollado como persona. Suelen ser gente cuyas circunstancias o educación han sido muy difíciles, tanto por haber tenido una mala relación con sus padres, sus amigos o sus maestros, como por haber crecido en un entorno de carestía o dificultades económicas y, por ejemplo, haber tenido que pagarse los estudios trabajando. Las personas luchadoras son las que están habituadas a la adversidad y a la frustración, y han desarrollado por ello

---

4. Entrevista a Xavier Gabriel.

una capacidad brutal de resistencia; están entrenadas para resistir y resistir. Son personas optimistas, que no se amilanan fácilmente ante las dificultades.

Ferran Soriano me dijo: «El emprendedor nace y se hace. En cualquier caso, es muy importante la educación familiar. Una persona cuyos familiares sean pequeños empresarios o tenderos tendrá más propensión a ser emprendedor que el hijo del presidente de una multinacional, puesto que el primero se habrá educado en la filosofía de que para ganarse la vida hay que depender de uno mismo, de su trabajo, de que no hay nada garantizado».

Pero ¿qué ocurre si este no es nuestro caso, si no nos hemos desarrollado en un entorno así?

En ese caso, lo que hay que hacer es fomentar la capacidad de aguante y el espíritu de sacrificio. No es preciso hacerlo en el ámbito empresarial. Podemos proponernos un objetivo intelectual, como aprender un idioma, adquirir destreza en una disciplina, dominar un deporte, practicar algún tipo de ejercicio físico. Proponernos la realización de un plan y, mediante disciplina y esfuerzo, lograr unos objetivos. Así se experimenta la capacidad de sufrimiento y, lo más importante, se comprueba la infinita satisfacción que procura alcanzar los resultados que uno se propone.

Analice si es usted una persona con capacidad de sufrimiento. En caso contrario, rodéese de personas que posean esa capacidad, porque es quizá aun más importante que tener madera de emprendedor.

Un FCF es no disponer de esta cualidad. Una cualidad que en algunos es natural, pero que también puede desarrollarse. Y que es necesaria. No está cuantificado, pero creo que no ando muy errado al afirmar que el fracaso del 50 por ciento de emprendedores se debe a la falta de espíritu luchador.

Hay gente a la que le cansa vivir; a la persona con salvoconducto, no.

• R E S U M E N •

Los resultados que se obtienen nunca coinciden, para bien o para mal, con las expectativas. Eso siempre genera problemas. El camino del emprendedor está lleno de imprevistos y errores. Esto puede obligarle en ocasiones a redefinir radicalmente el negocio, con todo lo que ello conlleva.

Ser una persona que no se rinde permite superar todo esto y más. Ser luchador constituye un salvoconducto para las personas que no tienen madera de emprendedor. Puede que usted no tenga carácter emprendedor, pero puede suplir esta carencia con espíritu de sacrificio.

El espíritu luchador suele ser consecuencia de unas circunstancias y una educación determinadas. Pero si no se tiene, puede desarrollarse. Ponerse retos intelectuales o físicos es un buen entrenamiento para aumentar la capacidad de sufrimiento.

Tercer FCF: no ser un luchador.

SEGUNDA PARTE

Socios: créditos a largo plazo y al 22 por ciento

CUARTO ASALTO

ANTES SOLO
QUE BIEN ACOMPAÑADO

Cuándo de veras hacen falta socios

Socios: el recurso más caro de todos

Vamos con uno de los asuntos más controvertidos de este libro: los socios. ¡Ojo! No me refiero a los socios capitalistas que poseen acciones, que comparten la propiedad de una empresa, pero no trabajan en ella. Me estoy refiriendo a los socios que van a compartir capital y trabajo. Estamos hablando de emprendedores, no de inversores. Es decir, de personas que van a poner dinero para emprender juntos, a la vez que van a poner todo o parte de su tiempo de jornada laboral en ese proyecto. El contenido de este asalto se refiere a socios entendidos como personas con las que no sólo invertiremos, sino que también trabajaremos.

Vaya por delante este dato. Los emprendedores noveles tienden a iniciar su negocio con otros socios en un porcentaje mucho más elevado que cuando se trata de una segunda o tercera iniciativa empresarial.

¿Por qué será?

«Cuando emprendes sueles ser joven, y los jóvenes cometen muchos errores. El error es inherente al ser humano, pero si eres joven aún más. La juventud también te da cierta inseguridad y en ese aspecto eres vulnerable a asociarte con otras personas, con más socios te sientes más seguro[5]».

¡Ay! ¡El maravilloso mundo de los socios!

Antes de asociarse con nadie, responda a la siguiente pregunta: «¿Por qué se asocia?». Sé que en este punto, si ya ha invitado a varias personas a subirse a su barco, se sentirá incómodo y, atendiendo al inapelable efecto de la denominada disonancia cognitiva, a partir de ahora va a negar lo que viene a continuación. Bueno, no lo negará. Hará algo más sutil. Se dirá a sí mismo: «Ya, pero este no es mi caso. Yo necesito a mis socios».

Voy a poner el dedo en la llaga. El motivo principal por el cual el emprendedor novel se asocia es este miedo.

Miedo a emprender, miedo a que las cosas vayan mal, a no tener en quién apoyarse, miedo a no ser capaz de hacerlo todo, miedo a cometer errores; miedo, en definitiva, a estar solo.

Los emprendedores inexpertos buscan compañeros de viaje más por el miedo, la aversión al riesgo y el querer sentirse acompañados que por verdadera necesidad.

Armando Lerís, otro entrevistado, también lo ve así: «Es mejor emprender solo si puedes aguantar la presión. Como

---

5. Entrevista a Felipe Artalejo.

dice mi refrán: "Mejor solo que bien acompañado". La ventaja de ir solo es la velocidad y el no tener que soportar socios sin valor añadido. Lo que pasa es que hay pocos empresarios natos e ir acompañado resta el miedo de las decisiones. La gente prefiere llorar junta que reír separada».

Existen verdaderos promiscuos en esto de invitar a socios a meterse con ellos en la cama. Es preciso preguntarse si los socios a los que se está dando entrada son en verdad necesarios o sencillamente se trata del amigo del amigo que siempre estaba presente cuando se hablaba del proyecto, que había aportado algunas sugerencias, y, ¡claro, no se le va a dejar de lado! Hay personas que por el mero hecho de compartir la idea y de recibir algunas aportaciones interesantes ya sienten la obligación de invitar a uno más a la fiesta.

Déjese de historias y malos sentimientos, de invitar porque sí a gente que ni lo merece ni le interesa su vida emprendedora, personas que, en realidad, están buscando si pueden ganar más dinero del que ganan, gente cuyo interés en la idea que en un momento dado les explicó usted parte en realidad de alguno de los que en el asalto primero llamé *lamentables motivos del emprendedor.*

Pero, claro, en los primeros compases, cuando sólo hay una idea sobre la mesa, da la sensación de que cualquier recurso añadido, cualquier sugerencia, cualquier contribución, cualquier cabeza pensante que —¡además!— le ve potencial a nuestra idea no puede ser excluida del proceso. O, cuando menos, hay que tenerla en cuenta.

¡Nada de eso!

Vamos a hablar de recursos. Porque, lo siento, voy a ser muy directo: un socio es un recurso más. Y como tal debe considerarlo el emprendedor. Ese recurso tiene dos salvedades: una, que es el más caro de todos los recursos (¡se remunera con acciones!). Y dos: es un recurso que puede llegar a tener la capacidad de paralizar nuestra actividad. Es un crédito a muy largo plazo y al 22 por ciento, a un tipo de interés tan abusivo como descomunal.

Hablemos, pues, de recursos:

Si está pensando en tener socios porque necesita dinero, hable con un banco.
Si está pensando en tener socios porque solo no puede con todo, emplee un trabajador.
Si está pensando en tener socios porque hay un área que no domina, subcontrate ese servicio.
Si está pensando en tener socios porque necesita comentar ciertas cosas, contrate un *coach*.
Si está pensando en tener socios porque tiene miedo, haga deporte[6].

Un socio es un asunto muy, muy serio. Hay una confusión tremenda por parte del emprendedor novel a la hora de considerar los recursos de los que dispone. Para que los recursos salgan baratos, se suele invitar a socios.

---

6. Preferentemente, *footing* o cualquier otro deporte de resistencia física. Es un ejercicio mental que desarrolla la capacidad de aguante.

El crédito cuesta intereses. El trabajador cuesta su sueldo y las cargas sociales asociadas. La contratación de servicios supone costosos honorarios. En cambio, el socio... ¡es gratis! ¿Verdad?

¡Mentira! El socio es el más caro de todos los recursos porque se remunera con los frutos que su actividad emprendedora sea capaz de dar. Y si usted es una persona que tiene el don, la capacidad, el empuje, la tenacidad, la audacia... —llámele como quiera— de crear y mantener un negocio, no se le ocurra compartirlo con nadie. No por egoísmo, sino porque en el futuro estará pagando muy caro un momento de flaqueza acontecido varios años atrás cuando aún tenía que descubrir y, probablemente, creerse lo que usted era capaz de hacer.

La soledad del mando

Hable con emprendedores de mucha experiencia. Verá cómo, en la intimidad, reconocen que es mejor estar solo. No me refiero a que la compañía no sea buena, sino a que todo lo que, desde un punto de vista psicológico, un socio pueda aportarle, lo obtendrá hablando con otros emprendedores o con sus colaboradores, si se trata de problemas del día a día.

En todas las entrevistas que he llevado a cabo he encontrado un consenso completo y arrollador en pocas cosas. Una, ya lo he dicho antes, es la importancia de la ilusión como motor de todo. Pero la segunda es que, ante la pregunta de si solo o con socios, el 95 por ciento de todas las personas entrevistadas respondió: ¡solo!

Algunos testimonios:

«Claramente, es mejor emprender solo. Porque a medio y largo plazo los objetivos de las personas son, por definición, divergentes. Cambia la vida, cambian las circunstancias. Como mucho, socios capitalistas y, aun así, entendiendo muy bien qué es lo que esperan».

«Buscar un socio es compartir el riesgo y la aventura. Te da cierta seguridad. Aunque, personalmente, creo que es mejor emprender solo que con un socio».

«Cada vez soy más reacio a tener socios, nunca los he tenido y quizá un día me equivocaré y los tendré, pero de momento no me lo planteo».

Para quien aún dude de esto: «En el caso de la editorial, fracasé por la idea. Pero en el caso de la empresa de servicios educativos, fracasé por los socios. No tuve el valor para dar un puñetazo en la mesa porque no estaba definida la estructura de poder. En tales casos es mejor cortar y volver a empezar; sencillamente, te has equivocado».

Se han establecido muchos paralelismos entre el mundo de la empresa y el de la guerra. Los términos estrategia, objetivos, tácticas, recursos, costes, eficiencia y un largo etcétera provienen del campo militar. Yo fui oficial del ejército español al realizar mi servicio militar como alférez. Y hubo un capítulo de las casposas ordenanzas cuyo título jamás olvidaré: «La soledad del mando». Y es rigurosamente cierto. Mandar, dirigir, ordenar, llevar las riendas… supone soledad.

Uno ha de tener la mayoría. Alguien debe tener el poder y la autoridad. Las empresas donde manda más de uno no funcionan. Porque cuando hay problemas alguien debe tener el mando y decir la última palabra en relación con lo que hay que hacer. Es necesario dejar muy claro quién es el líder, quién es el que manda. En la manada no todos pueden mandar. Sólo puede hacerlo uno.

Hoy en día, a diferencia del pasado, uno de los factores más importantes en el mundo empresarial es la velocidad en la toma de decisiones. Esa velocidad es difícil de imprimir cuando hay que consultar con socios cualquier decisión. Decidir solo permite decidir rápido. En el siglo XXI, esto es una ventaja competitiva incuestionable.

Y sin miramientos: «Hubo un momento que la empresa familiar era de mis hermanos y mía. Pero no era eficiente. Había demasiados condicionantes. Les ofrecí a mis hermanos comprar sus acciones para poder actuar con libertad»[7].

Y es que en esto de emprender hay una particular visión de las cosas que no puede ser compartida con nadie. Es una mezcla entre intuición y visión de negocio. Algo parecido a lo que sucede con los espigones de piedras con los que se hacen rompeolas artificiales. Los ingenieros no han encontrado explicación alguna para comprender por qué el mar se traga algunos espigones y otros no. En su novela *Travesuras de la niña mala*, Mario Vargas Llosa crea un personaje fabuloso, una especie de chamán de los rompeolas que, mirando al mar, adivina dónde una obra

---

7. Testimonio que prefiere permanecer en el anonimato.

faraónica como es un espigón permanecerá para siempre y dónde no.

Sucede algo parecido con el emprender. Su visión particular de las cosas no puede ser racionalizada. Pero es la suya y es la que debe prevalecer por encima de todo. No todo emprendedor es un chamán que intuye dónde los espigones no serán engullidos por las olas, pero los emprendedores verdaderos le dan un gran valor a su intuición en la toma de decisiones. Y las intuiciones, por definición, son individuales y no colectivas.

Asóciese si —y sólo si— no le queda más remedio. Es decir: si no consigue el capital que precisa en el banco. Porque del resto de recursos —trabajadores, proveedores, tipos que hacen *coach* y gimnasios donde hacer *footing*— hay a patadas.

El buen emprendedor sabe que mejor solo que bien acompañado.

¿Hay situaciones en que sea recomendable asociarse?

Dicho esto, es cierto que hay situaciones en las cuales un socio capitalista puede ser necesario. Porque existen proyectos en los que un banco no va a confiar y, en cambio, una sociedad capital riesgo o un *business angel* sí va a hacerlo. Proyectos de empresa que cuestan bastante más dinero del que uno dispone. En dicho caso, reconozco que un socio capitalista es la única de las opciones. Insisto: socio capitalista.

Socios sólo si los necesita y, además, capitalistas. Nunca socios para desempeñar trabajo. Socio capitalista, pero trabajando juntos es difícil, por no decir imposible.

La única situación que justifica contar con un socio es que exista alguna carencia que usted no pueda cubrir por sí mismo o subcontratando a alguien. Por ejemplo, como veremos en el asalto dedicado a la elección del sector de actividad, quizá necesite a alguien que conozca muy bien el sector de actividad donde va a emprender y en el que usted no tiene experiencia alguna. O puede que el proyecto sea muy complejo y la concurrencia de varios puntos de vista resulte necesaria para su buena consecución.

Y si usted no se reconoce con madera de emprendedor y, además, no tiene ese carácter luchador que constituye el salvoconducto universal, entonces sí, busque socios que tengan esas características. En los momentos duros, que siempre llegan, le ayudarán a mantener el tipo. Y el buscar socios no desmerece su valía. Hay personas que tienen la facultad de saber rodearse de la gente apropiada. Y eso es también una cualidad.

Finalmente, hay una situación en la cual es bueno tener socios. Se trata del caso en que el emprendedor, debido a una enfermedad o a su edad, requiere que alguien gobierne el barco durante una ausencia temporal o definitiva. Es cierto que un socio puede cubrirte ante una eventualidad imprevista relacionada con la salud. Es rigurosamente cierto. Pero en tales situaciones, cuando llegan, normalmente hay tiempo de buscar a alguien. Es decir, recurrir a un socio por si acaso me pasa algo es actuar con precipitación.

En el caso de un emprendedor de edad avanzada, ésta es una preocupación más lógica. A partir de cierta edad, al emprendedor le preocupa la continuidad de su negocio. Entonces, o vende o busca socios.

Siento no ofrecer muchas más situaciones, porque no las hay.

• R E S U M E N •

La mayoría de las veces la gente se asocia por miedo; otras veces, como medio de conseguir recursos que, a corto plazo, salen gratis, pero que a largo plazo son los más caros de todos. Emprender implica cierta soledad, pero esa soledad le dará velocidad y libertad para imponer sus decisiones e intuición. Asóciese sólo cuando requiera algo que no pueda conseguir de otro modo. Y, preferentemente, cuente sólo con socios capitalistas; no se asocie para compartir trabajo.

Cuarto FCF: contar con socios cuando en realidad puede prescindir de ellos.

QUINTO ASALTO

¿CON QUIÉN SE METERÍA EN UN SUBMARINO PARA DAR LA VUELTA AL MUNDO?

Cómo escoger y pactar con los socios

Los valores por encima de todo

A pesar de la recomendación del asalto anterior, sé que la inmensa mayoría la ignorará y se asociará con alguien. No pasa nada, yo también lo hice y la verdad es que me fue muy bien. Pero reconozco que tuve mucha suerte porque, como en el matrimonio, no sabes en realidad con quién te has casado hasta al cabo de un tiempo.

Por ello dedico este asalto a cómo escoger la persona con quien asociarse, a explicar los criterios fundamentales para que su asociación sea un factor que sume y no uno que reste.

Escoger socios es muy parecido a seleccionar a las personas con quienes dar la vuelta al mundo en un submarino. En un submarino el espacio es pequeño, y se acaban conociendo las intimidades de los compañeros, incluso las más escatológicas, se viven muchos momentos agobiantes, situaciones en las que parece que no hay salida, situaciones críticas donde hay que tomar decisiones desagradables...

En el caso de emprender, es muy parecido[8]. De sus socios va a conocer todas sus miserias, así que tienen que ser personas que compartan algo fundamental: su misma escala de valores.

Es mucho mejor un socio mediocre cuyos principios estén bien alineados con los suyos que un tipo brillante sin escrúpulos. Busque personas que tengan principios morales y éticos similares a los suyos, personas con su misma escala de valores. ¿Y cómo se sabe? ¡Pues no hablando de negocios! Pregúntele qué espera de la vida, cuán a menudo ve a sus hijos, qué cosas del mundo son las que le preocupan, qué cree de las personas del sexo contrario, cuáles son las cosas con las que sueña, las que detesta... Entérese de cómo es esa persona.

No se asocie con alguien que no conozca bien. Esta primera condición es la única excluyente de las que voy a exponer. Ignore todo lo que una persona pueda aportarle si cree que no comparte o no le gustan sus valores. Una relación estable con socios requiere responsabilidad, generosidad y confianza. Rodéese de personas «sanas» y honestas, que compartan sus mismos valores ante la vida.

En mi trabajo de campo me llevé aquí una sorpresa. Una solicitud que formulé a todos los emprendedores fue que

---

8. Incluso en lo escatológico.

me hiciesen un *ranking* de los criterios, ordenados de mayor a menor importancia, que emplearían para determinar con quién se asociarían y con quién no. Reconozco que no me lo esperaba: la honestidad apareció casi en todos los casos como el primer criterio. Había pensado que sólo yo le daba tanta importancia. Pero no. De nuevo, consenso. Honestidad por encima de capacidades técnicas o intelectuales. Por encima de cualquier otra consideración.

Segundo, complementariedad

Una vez comprobados los valores, es fundamental que su futuro socio no sea una persona demasiado parecida a usted en otra dimensión: el carácter. Meta usted a dos personas con mentalidad de líder en un cohete en una expedición a la luna y verá qué sucede. Se ha comprobado que las empresas de dos socios que han prosperado estaban compuestas por personas de caracteres distintos, pero complementarios. Por ejemplo: uno analítico, cerebral, tranquilo y metódico; y otro visceral, audaz, nervioso y creativo.

La NASA, cuando conforma un equipo de astronautas para una misión determinada, analiza las estructuras de personalidad de los tipos que va a meter en ese «submarino» que vuela y que se llama cohete. Saben que el éxito de la misión depende no tanto de las capacidades técnicas de sus miembros como de la afinidad y complementariedad de las estructuras de personalidad que ponen en órbita.

Como muestra, un botón: el equipo de guionistas y productores del programa de televisión y *reality show Gran Hermano* (bazofia intelectual y voyeurismo de pantalla) sabe que la cantidad de broncas, sangre y gritos en la casa (léase, audiencia) es directamente proporcional a la similitud de estructuras de personalidad de las personas que encierran en la casa. Si, además, rayan en lo patológico, tanto mejor. No hay nada más bestia que meter a varios narcísicos juntos.

Para que una asociación funcione ha de haber diversidad de talentos. No hay que asociarse con amigos porque te hace ilusión. Si no hay diversidad de talentos, no sólo no se suma sino que se resta, y se acaban deteriorando las relaciones personales.

No es ninguna tontería. Una vez me vinieron a ver tres amigos que iban a montar una imprenta, y los tres, hasta el momento, sólo habían trabajado en el departamento comercial. Ninguno sabía nada sobre la parte técnica ni sobre la parte logística. Sí, ya sé que he dicho antes que eso se puede cubrir con empleados, y eso era lo que iban a hacer. Pero mi sugerencia fue que, puestos a ser tres socios no capitalistas (la imprenta iba a ser adquirirla con un *leasing*), ¿no era mejor que uno fuese experto en comprar, otro en imprimir y un tercero en vender?

Se lo expresé así en aquella reunión. Fue desagradable, lo reconozco. Los tres se miraron a los ojos y se sintieron mal. Sabían que estaban juntos porque lo habían hablado, pero en realidad ninguno era para los otros el socio que precisaban.

Finalmente, aporte real de valor

Una vez conseguido alguien con quien coincide en la escala de valores y es complementario con su carácter, sólo queda asegurarse de que no sea un «patata». No se ría. Hay inútiles con una capacidad asombrosa para disimularlo y futuros emprendedores, necesitados de socios, con una capacidad asombrosa para no querer darse cuenta.

Hay que escoger a alguien que nos aporte valor, porque más valor implica más conocimientos, más trabajo y mejores ideas. La persona con la que se asocie debe ser alguien cuya opinión le merezca respeto. Que sea una autoridad para usted, que tenga un peso específico.

Uno de los entrevistados me dijo: «El socio no debe ser nunca inferior, ya que entonces sólo se tiene como halago personal».

No deja de ser paradójico que si todo el mundo aplicase este criterio nadie se asociaría, porque si, por definición, una persona y otra están en diferentes niveles y los dos saben que sólo conviene asociarse con alguien más preparado, uno de los dos, el que se sabe por encima del otro, buscará otra persona que sepa más..., pero cuando la encuentre será rechazado, pues él será entonces quien esté a un nivel más bajo. En fin, que si encuentra como socio a alguien más capaz que usted, jamás desvele este criterio hasta no llevar juntos algunos años de andadura...

En general, una misma ambición

En cualquier caso, conseguidos los anteriores tres criterios, que son los esenciales para escoger un socio, hay que pactar muy claramente cuál es la ambición, el objetivo que se persigue al emprender.

¿Cuánto quieren facturar? ¿Cuánto quieren llegar a ganar? ¿Cuántos empleados quieren llegar a tener? ¿Se trata de emprender para luego vender el negocio? ¿Hasta dónde quieren llegar?

«Si lo que buscan los socios es distinto [a lo que buscas tú], es muy probable que ante cualquier dilema o dificultad que se presente, haya visiones muy distintas sobre cómo afrontarlos y se produzcan fricciones o rupturas[9]».

Si a la hora de emprender solo es fundamental pensar qué es lo que se quiere, en el caso de emprender con socios es aún mucho más importante. Hay que definir qué es lo que se quiere. Hay que estar seguros de que nuestros objetivos sean también los de nuestros compañeros de viaje.

---

9. Entrevista a Emilio Mayo.

• R E S U M E N •

Los criterios más importantes para escoger socios son, por este orden: honradez y valores alineados con los suyos (esta primera condición es excluyente); en segunda instancia, complementariedad con su carácter y sus competencias, que sean personas que realmente aporten valor. Es fundamental hablar y explicar cuál es la ambición que se persigue con el proyecto y que esta ambición esté plenamente compartida sin ningún tipo de duda.

Quinto FCF: escoger socios sin definir criterios de elección relevantes.

SEXTO ASALTO

NI A DIOS LO QUE ES DE DIOS
NI AL CÉSAR LO QUE ES DEL CÉSAR

Cómo pactar con los socios

El primer pacto de todos: cómo vamos a separarnos

Muchas parejas norteamericanas y adineradas, cuando se casan, deciden el sistema de reparto de bienes por el que se va a regir su matrimonio. No es demasiado importante mientras estén casados, pues lo compartirán todo, pero sí lo es en el caso de que se separen. Cuando eso suceda, ya estará acordado cómo se va a despedazar el pastel.

Es mejor pactar cómo nos vamos a pelear cuando aún somos amigos.

De acuerdo, me creo que necesita a su/s socio/s. Ahora bien, ¿cree que son socios para toda la vida?, ¿cree que con 65 años aún estará asociado con esa/s persona/s?

No. Por fin coincidimos. Por tanto, si algún día van a separarse, hay que ponerse a pensar cómo proceder cuando eso ocurra. Y el mejor momento para hacerlo es ahora, que no tienen nada que perder.

Téngase en cuenta que las formas de ruptura entre socios son variadas. Desde la separación amistosa, parlamentada, acordada y hecha con sentido común, hasta la separación dolorosa, en la que se pierde dinero y clientes, con cabreo incluido y abogados de por medio. Y no hablo sólo de asociaciones empresariales, sino también de las profesionales: consultas médicas privadas, abogados, ingenierías, gestorías administrativas, etc.

Tengo un amigo que trabaja en una empresa especializada en proveer equipamientos de clínicas dentales —sillón ergonómico, brazo mecánico, iluminación especial y el resto de costosos aparatos precisos para ejercer la odontología—, que me dijo en cierta ocasión: «Cada vez que instalamos una clínica de más de tres socios, sabemos que, en menos de cuatro años, aquella consulta se disolverá en dos o tres diferentes. Y volveremos a facturar de nuevo, ahora en tres consultas. No falla. Los dentistas acaban separándose y, muchas veces, con un mal rollo increíble».

A continuación, un pecado real, pero me guardo el pecador: «En mi caso, me encontré con que mi socio trabajaba una décima parte de lo que yo lo hacía. Para hablar claro: era un vago. Tuve que sacármelo de encima y en aquel momento se podía haber fastidiado todo porque el negocio constaba ya de varios locales. Nos partimos activos: propiedades, marca, gente... Logré hacerme con los activos que yo quise, y eso fue lo que salvó el negocio. Pero estuve a punto de no lograrlo. Tuve que hacer dos paquetes y ofrecerle el que yo quería. Mi socio pensó que el otro paquete era mejor y que estaba intentando engañarle. Así que se quedó el que yo en realidad quería desechar».

Vamos, que como me dijeron una vez: «Hay gente que prefiere quedarse tuerto si puede dejarte ciego».

Por tanto, hay que pactar ahora cómo van ustedes a separarse. Sé que es horroroso mirar a los ojos a la persona con la que en este momento comparte tantas esperanzas e ilusiones y decirle: «Verás, me gustaría hablar ahora de qué haremos el día que uno de los dos lo deje», pero es necesario. Porque en caso contrario, el día en que eso ocurra, al socio o los socios que se apeen del barco les dará igual si este se hunde cuando ellos ya hayan saltado. Lo que querrán es llevarse el máximo de víveres para sobrevivir hasta llegar a la siguiente isla. La salida de un socio puede acarrear la desaparición de la empresa. No necesariamente porque fuese un fuera de serie, sino porque, según lo que pida ¡legítimamente!, puede hundir a sus otrora compañeros de andanzas.

No es algo difícil. Los pactos más básicos que hay que hacer son: la antelación con la que hay que comunicar el deseo de abandono; si el socio que se va podrá conservar o no sus acciones (puede pactarse que la tenencia de acciones esté supeditada a trabajar en la empresa); en caso afirmativo, el método que se va a emplear para valorar sus acciones[10], y, finalmente, cuándo y cómo se le van a hacer efectivas.

Si ha habido aportaciones no dinerarias (un local, una marca, un método de trabajo o *know-how*, una patente,

---

10. Nominal, nominal más reservas o bien algún método de valoración que incorpore el valor de lo que, juntos, se ha creado menos una prima de riesgo por abandonar a mitad de etapa...

una cartera de clientes, etc.), aspecto de cuya remuneración trataré en el próximo asalto, debe también pactarse esto.

Una de las discusiones más frecuentes cuando dos socios se separan es el reparto de los clientes. Anteriormente los clientes eran de la empresa, pero ahora, de pronto, a los clientes les sale dueño:

—¡Este es mío!

—¿Cómo que es tuyo? ¡Pero si lo traje yo!

—¡Sí, eso, lo trajiste tú, pero el único que lo ha gestionado he sido yo!

Por tanto, aunque a uno le entre complejo de fariseo, hay que poner todo esto sobre la mesa y hablarlo antes de empezar. Es cierto que, a medida que se avance, será preciso modificar alguno de estos pactos. No pasa nada, veremos más tarde cómo se acometen estos cambios. Pero eso no exime de la obligación de tener un acuerdo ahora de cómo y bajo qué condiciones se sale del submarino en el que uno se metió para dar la vuelta al mundo.

Cuando pacte todo eso, se dará cuenta de que el resto de pactos, el único en el que todo el mundo se centra cuando se asocia —«cómo nos asociamos»— cae por su propio peso. Si es usted capaz de definir la mejor forma de separarse, sabrá automáticamente especificar cuál es la mejor forma de asociarse para el negocio concreto que quiere emprender.

Está todo inventado

Una vez pactado lo anterior, es preciso hablar de cómo se remuneran las aportaciones iniciales y consecutivas de cada una de las partes.

Soy una persona que defiende la creatividad por encima de todo, pero para remunerar de forma justa y equitativa recomiendo no ser demasiado creativo o innovador. ¿Por qué? Pues porque en esta área se ha probado de todo y, de veras, las fórmulas que han perdurado, lo han hecho porque son las que funcionan.

La gente tiende a hacer unos inventos increíbles. Los errores más habituales son dos.

Uno, es el «error D'Artagnan». Todos somos iguales, todos para uno y uno para todos. Pues no. Si es usted emprendedor, es que cree en las reglas del libre mercado y en la competencia. Por lo tanto, no diseñe un sistema comunista en el marco de un sistema de libre mercado donde lo que se prima es el esfuerzo individual.

Típico: «Verás, la idea es de Carmen, pero ella seguirá en su trabajo de momento, porque está separada, tiene un hijo y no puede permitirse quedarse sin sueldo. Yo, que mi mujer está en el ayuntamiento y al ser funcionaria tiene mayor seguridad, seré quien deje el empleo y dedique a la empresa toda la jornada. Después está José, que pone el local donde nos vamos a instalar. Y, finalmente, Francisco, que nos pasa dos clientes potenciales. Estamos todos muy unidos, nos entendemos muy bien. Emprendemos con un 25 por ciento cada uno, a partes iguales».

¿Verdad que no pagaría lo mismo a un trabajador que realiza el doble de trabajo que otro? ¿O a uno que tiene el doble de competencias y responsabilidades que otro? Pues no haga lo mismo con sus socios. En la vida, la diferencia es un grado y un activo. Reconocer la diferencia es fundamental. Esto de todos a medias es un error como la copa de un pino.

El segundo error más frecuente es el de mezclar los conceptos que definen lo que cada persona aporta. Leche, cacao, avellanas y azúcar... ¡Nocilla! Pues no. La leche tiene un precio, el cacao tiene otro, las avellanas otro y el azúcar uno muy distinto. Cada cosa vale lo que vale, y para que la Nocilla tenga un precio final justo, habrá que pagar cada ingrediente según su verdadero valor.

En el ejemplo anterior no vale lo mismo la idea, el local o el tiempo de trabajo. Aunque todo sirva para hacer la misma Nocilla, no por ello han de tener el mismo valor. Hay una tendencia descomunal a darle al César lo que no es suyo y negarle a Dios lo que le pertenece. Y el motivo es, de nuevo, el quedar bien. Somos todos guais. Nos vamos de excursión al Himalaya todos de la manita, con chirucas y entonando canciones de excursionistas.

A cada cosa su correspondiente valor. Se ha de valorar cualquier aportación. En este sentido, está todo inventado. No hay que hacer cosas raras.

Dinero

Las aportaciones dinerarias se valoran en acciones. Y éstas se remuneran con beneficios, cuando los haya. No recomiendo la opción de dejar dinero a la empresa. Es bastante absurdo, porque si la empresa lo va a poder devolver es que tendrá beneficios, así que mejor tener ese dinero depositado como capital. No sólo le dará más réditos, también más peso en el accionariado, que se traducirá en un mayor control cuando se vota para la toma de decisiones.

Activos

Cuando me refiero a un activo, me refiero a cualquier cosa de valor. No solamente máquinas, material informático, locales o género, sino también a métodos, productos, patentes que se van a explotar, exclusivas, incluso una marca registrada, aunque jamás haya operado y nadie la conozca. Todo tiene un valor. Alto o bajo, pero tiene un valor.

Cualquier otro activo se paga por su precio justo. Lo mejor es que la empresa lo adquiera. Pero si de momento no se dispone del dinero, hay tres opciones. Una, dejarlo pendiente de cobro, como un crédito que uno de los socios concede a la empresa. Si hay beneficios, antes de repartirlos es obligatorio saldar esa deuda, y si nunca los hay, el socio perderá ese activo en caso de que no sea recuperable. La segunda opción es valorar los activos que uno entrega y que su precio se le dé en acciones. La tercera opción es arrendar ese activo a la empresa, que abonará cada mes un alquiler. En este caso el socio actúa como un tercero.

Pongamos un ejemplo. Yo tengo un local y lo quiero aportar al negocio. Si ese local lo valoramos en 100.000 euros y otros dos socios ponen 100.000 euros cada uno, usted tiene la posibilidad de no soltar un duro y tener un 33 por ciento del capital poniendo el local a nombre de la empresa. La segunda opción es, independientemente del dinero que ponga, vender el local a la empresa de la que es usted emprendedor por un importe de 100.000 euros a pagar en fecha tal. Si el negocio va bien, pues le pagarán el local más adelante, y si va mal, dependiendo de cuán mal vaya, puede perderlo si es que lo embargan. Así que al loro. La tercera opción es que el local siga siendo suyo y que la empresa le pague un alquiler cada mes de, por ejemplo, 3.000 euros. No se equivoque y ponga un alquiler de mercado.

Trabajo

Luego está el trabajo. El trabajo se remunera con su sueldo. Y punto. Si uno no puede dejar su empleo para emprender, sólo cobra cuando se repartan beneficios lo que le corresponda según sus acciones, que habrán sido calculadas teniendo en cuenta el dinero y los activos aportados.

«Es que, de momento, no podemos pagar sueldos...». Es cierto. A menudo, muchos negocios no hubiesen arrancado sin la renuncia temporal por parte de los socios de un sueldo. Especialmente, cuando el capital es nimio. Bueno, de acuerdo, pero entonces hay que anotar lo que se le adeuda a esa persona y hay que tener muy claro que esa situación es temporal.

La razón de hacerlo así no es sólo un criterio de justicia. Es importantísimo saber el sueldo que tendríamos que pagar a un trabajador normal para desempeñar el mismo trabajo que cualquiera de los socios. ¿Por qué? Pues porque, en caso contrario, el día en que haga falta contratarlo, tendremos una estructura de costes que no estará acostumbrada a soportar las cargas reales necesarias para funcionar.

Si yo hago un trabajo por 10.000 euros que, a sueldo de mercado, vale 36.000, el día en que haya que contratar a una persona para ese puesto, mi modelo de negocio incorporará 26.000 euros de costes no previstos.

Nunca se debe compensar mediante acciones un sueldo que no podemos pagar. Yo pongo dinero y tú pones trabajo, y al 50 por ciento cada uno. ¡No! No invente cosas raras. Las aportaciones de sueldos se pagan según su valor de mercado, en función de las horas, funciones y responsabilidades.

Y no hay más. Si lo hace así, se evitará muchos problemas futuros. Y, lo más importante, tendrá una cuenta de resultados que reflejará la realidad de la sostenibilidad de su negocio.

Otros pactos no menos importantes

Casi para terminar, quién hace qué. Sirva de nuevo el ejemplo del submarino. Cada tripulante tiene una función determinada. Somos socios, de acuerdo. ¿Significa eso que nadie manda, que vamos a tener dos, tres o cuatro directores generales? ¿Conoce usted alguna empresa que tenga cuatro directores generales? ¿Quién hace qué?

Y cuestiones más mundanas y no por ello menos importantes: ¿Quién tendrá firma en el banco? ¿Hasta qué importe? ¿Quién negociará con los bancos? ¿Quién se ocupará de innovar? ¿Quién negociará con los proveedores...?

Las atribuciones, las funciones, los poderes de los socios que ostentan algo más que acciones y que van a ponerse a remar en el nuevo negocio deben quedar perfectamente definidos y acotados. Hay una tendencia a dejar que eso surja de forma natural, pero no es el mejor método. Además, repartir funciones con sus socios le ayudará a comprobar si está asociándose con personas que sólo saben hacer lo mismo que usted, o si, desde un punto de vista técnico, son complementarios, como decíamos en el asalto anterior.

• R E S U M E N •

El primer pacto que hay que hacer es cómo proceder el día en que alguno de los socios decida desvincularse del negocio. El modo más justo de separarse revela el modo más justo de asociarse. No invente cosas raras a la hora de decidir qué porcentaje tendrá cada socio. Los activos y el dinero entregados a la empresa han de valorarse por su precio justo y se convierten en acciones. El trabajo se remunera con sueldo, a poder ser, de mercado. El resto de activos que se cedan a la empresa por parte de algún socio y que no se valoren como acciones deben alquilarse o dejarse a deber.

Sexto FCF: ir a partes iguales cuando no todo el mundo aporta lo mismo.

SÉPTIMO ASALTO

EJERCICIO DE FUTUROLOGÍA

Por qué se peleará con sus socios

Los motivos universales de ruptura

¿Por qué una relación profesional que comenzó sólo cinco años atrás con una ilusión desbordante, con un compañerismo y generosidad que rayaba en lo cursi y con un desinterés digno de grupo de *boy scouts* termina como el rosario de la aurora?

El motivo es bien simple: las desavenencias entre socios.

Éstas podrían catalogarse en varios tipos. La más habitual es la de quién aporta más. En los primeros compases de una andadura profesional nadie mira si uno aporta más que otro. ¡Qué horror! ¡A quién se le ocurre! ¡Si lo importante es arrancar! Y las ventas se celebran con independencia de su precursor. Pero pasa el tiempo y la emoción inicial se desvanece. Poco a poco, cada uno empieza a calcular en privado si aporta más dinero que sus socios. E incluso en el supuesto de que una parte de los ingresos se destine al que ha logrado una venta, entre socios siempre una parte quedará para repartir a medias o partes proporcionales. En definitiva, compartir un dinero que uno (y no el otro) ha generado. Hoy por ti y mañana por mí. Pero ¿qué sucede cuando es casi siempre por ti? Sucede que empieza a doler el bolsillo. Y uno comienza a echar cuentas de lo que ganaría si no tuviese que compartir sus logros.

Y entonces uno se lo cuenta a la pareja... ¡Craso error! A partir de aquel día la pareja se convertirá en una especie de abogado del diablo que preguntará con carácter periódico: «¿Esta semana también has vendido más que tu socio?». La economía profesional se funde de este modo con la doméstica y, sin quererlo ni beberlo, la pareja forma parte de un consejo de administración clandestino y paralelo que sólo se reúne con uno mismo en la cocina de casa para ponernos la cabeza como un bombo y reafirmarnos cada vez más y más en la definitiva conclusión de que es mejor continuar solo.

La segunda fuente de conflictos tiene que ver con la eficiencia y la eficacia. La tendencia a pensar que el compañero o el socio trabaja demasiado despacio, o que es demasiado detallista, o que debería prestarle menos tiempo a ese asunto o a ese cliente que no vale la pena y le está tomando el pelo y no se da cuenta a pesar de que no hago más que decírselo, pero en fin, qué se le va a hacer.

Es una ley universal e inmutable: nadie trabaja mejor que nosotros. Si soy rápido, porque soy rápido, y si soy lento, porque no tengo que repetir las cosas y mi socio, que parece que va más deprisa, al final es más ineficiente porque ha de hacerlo todo tres veces.

El tercer motivo de desavenencias tiene que ver con algo tan sencillo, pero tan conflictivo, como es el estilo. El estilo profesional. El modo de vestir, la inversión o no inversión en decoración de la consulta, oficina o despacho, la manera de atender a los clientes, la forma de tratarlos, corbata o no corbata, batín o no batín. Puede parecer una tontería, pero no lo es. Las apariencias son el síntoma de nuestros logros y fracasos. Y no nos gusta adquirir un estilo incoherente con lo que queremos transmitir de nosotros como profesionales.

El cuarto motivo de desavenencias son las desconfianzas. Este es el peor motivo de todos. La duda lo mata todo. «¿Estará mi socio desviando trabajo sin que yo me entere?», «¿Qué hace las horas que no está aquí?», «¿Por qué no me comentó nada de tal o cual asunto?», «¿Por qué no me avisó de aquella transferencia bancaria?». Estas dudas son un veneno mortífero para la asociación profesional, que debe estar anclada en una relación de absoluta confianza.

Finalmente, el devenir. Es ley de vida. Podemos estar de acuerdo en todo hoy, pero no dentro de cinco años. Uno quiere trabajar a tope, crecer y ganar mucho dinero. El otro sólo quiere trabajar para ir tirando, para disfrutar y tener un equilibrio profesional y personal. Un tercero desea asociarse con unos que conoció en un congreso no sé dónde. Pero sus socios no quieren saber nada de nuevas asociaciones. Los objetivos personales acaban siempre influyendo sobre los objetivos de negocio. Y no es un tema de malas intenciones. Sencillamente, es así. Siete años atrás, los socios tenían la misma ambición, pero ahora ya no.

«Es muy difícil mantener intactos, con el paso del tiempo y sus circunstancias, los aspectos que unen a los socios: la ilusión, la ambición, la idea de negocio y los objetivos emocionales y económicos[11]».

Uno de los problemas más comunes es que, cuando un socio empieza a querer hacer algo distinto, tiende a ocultarlo. No es por engaño, sino por temor a defraudar a sus socios. Y esto es un problema, porque entonces se está engañando a sí mismo. Se desata un juego psicológico con los socios. En apariencia van juntos hacia el norte, pero en realidad uno se ha desviado y va ahora hacia el sur. De pronto, el primero se da la vuelta y ve que el segundo ya no está ahí, no le sigue. Suele darse un momento de estupor, seguido de una situación incómoda y una sensación de engaño. «¿Por qué no me habías dicho que querías abandonar el negocio? De haberlo sabido antes, hubiera tomado otras decisiones».

Una de las maravillas de ser emprendedor es la libertad que uno tiene para emplear su vida en aquello que le llena y, sobre todo, de poder hacer modificaciones con el paso del tiempo. Las prioridades en la vida van cambiando con la edad. Y ya que uno se ha independizado, es una pena que, debido a una asociación, no pueda dirigir su vida personal y profesional hacia los derroteros que desea. Hay que dar libertad a los socios de modificar sus vidas, por eso es tan importante pactar las condiciones de separación de los socios o de si es posible seguir vinculado a la propiedad, pero no en el trabajo.

En definitiva, que la lista de motivos de desavenencias sería interminable y daría para llenar todas las páginas de este

---

11. Entrevista a José María Ruiz Millet.

libro. Por eso hay que ser muy claros al pactar una asociación profesional, aspecto que abordé en el anterior asalto.

Más allá de los pactos

De todos modos, es imposible pactarlo todo. Es recomendable pactar lo principal y, a poder ser, por escrito. Ya se sabe que «de lo escrito queda constancia y las palabras se las lleva el viento». Pero tampoco tiene sentido redactar todo un documento de la extensión y complejidad del Estatuto de Autonomía de Cataluña, no vamos a redactar ahora una Biblia para dar soluciones a todo lo que es posible que ocurra en el futuro.

Hablemos, pues, de los pilares de toda asociación. Aparte de todos los pactos que he recomendado en las líneas anteriores, los pilares de los socios son muy parecidos a los que sostienen una relación conyugal o de amistad: comunicación, comprensión, paciencia, confianza, fidelidad y flexibilidad. De ahí que tantos emprendedores hayan afirmado que los «valores alineados» son el factor más importante para escoger un socio. Y también el excluyente. Porque esos valores condicionan la solidez o fragilidad de los pilares que sostienen al negocio.

Es fundamental saber que nunca nadie hace las cosas como las haríamos nosotros. Es como lo de delegar. Hay personas que no saben delegar porque no soportan que no se hagan las cosas como ellas las harían. Y eso es un lastre organizativo y profesional para toda empresa o negocio. Con los socios es lo mismo. Cada uno tiene su estilo y hay que respetarlo.

Nos guste o no. Por otro lado, hay que saber escuchar. La comunicación es el eje de toda asociación.

Sin comunicación diaria y sincera, no hay asociación que perdure más allá de cinco años.

• R E S U M E N •

Las desavenencias entre socios siempre aparecerán. Suelen guardar relación con (la percepción de) cuánto negocio, clientes o esfuerzo aporta uno respecto al otro. La peor fuente de desavenencias son las desconfianzas en cuanto a la fidelidad. Otras causas menos sangrantes (pero que acaban siendo importantes) tienen que ver con el estilo y la apariencia que se quiere dar al negocio.

Finalmente, la desavenencia más común es la lógica modificación de objetivos y deseos vitales que se producen en una persona a medida que pasan los años y que, forzosamente, se trasladan al negocio.

Pactarlo todo es necesario, pero aún más importante es tener confianza y libertad para plantear cualquier, repito y subrayo, cualquier, tema a sus socios.

Séptimo FCF: falta de confianza y comunicación con los socios.

TERCERA PARTE

Sobre esa gran idea
que dijo que usted tenía

SÓLO UN INFELIZ CONFÍA EN SU IDEA FELIZ

La idea es lo de menos,
lo importante es la forma de la idea

La patética idea feliz

No hay nada más patético que alguien que te dice: «He tenido una idea de negocio genial, no puedo explicártela porque como me la roben... me muero». Esa persona acaba siempre por explicártela —¡claro que sí!—, pero no sin antes (y esto es lo más patético de todo) hacerte jurar y perjurar que no vas a decírselo a nadie.

A éstos yo los llamo «emprendedores Gollum», como en el *Señor de los Anillos* («¡Mi tesoroooo! ¡Mi tesoroooo!»). Son emprendedores muertos antes de empezar. Por suerte, muchos de ellos no llegan nunca a poner en marcha su negocio, porque los que lo intentan, en su gran mayoría, fracasan.

Recuerdo una ocasión en que me llamó un conocido porque quería citarse conmigo para explicarme una idea de negocio que había tenido con su mujer. Yo, acostumbrado a tales pérdidas de tiempo, le pedí que me avanzase desde el otro lado de la línea de qué se trataba para determinar, le dije, si era un producto o industria en la que yo tuviese experiencia; así, pensé, podría sacármelo de encima sin perder demasiado tiempo. Pero como suele suceder en estos casos, la persona en cuestión se negó a explicármelo por teléfono. Me dijo que era demasiado confidencial y que, además, tenía que verse, que si no lo veía no lo entendería.

Además de tener que darle hora a una persona que se negaba a decirme para qué quería verme, tuve que dar mi palabra de que mantendría en secreto su gran idea, y debía saber que —¡afortunado de mí!— si accedía a explicármela era porque me consideraba digno de su confianza. Vamos, que se daban todos los indicios de un disparate empresarial.

Al cabo de dos semanas apareció el «emprendedor» con su mujer y me mostraron un concepto que se llamaba «risa total», y que consistía en discos con grabaciones de risas de niños pensadas para ponérselas a los bebés cuando estaban en la cuna tratando de dormirse, ya que estaba demostrado por no sé qué psicóloga francesa que de esta forma se favorecía el desarrollo de un carácter optimista. Casi me echo a llorar. En fin...

En otra ocasión vino a verme otro conocido que me habló de un producto con el que iba, literalmente, a forrarse. En breve iba a surgir una ley que obligaría a los parvularios y jardines de infancia a instalar dispositivos para evitar que los pobres infantes se pillasen los dedos con las puertas de la escuela. Mi amigo, diseñador industrial, había pensado en una puerta con el canto redondo y estaba dispuesto a dejar su trabajo para entregarse a la producción y distribución de puertas de canto redondo para guarderías, las cuales, obligadas por ley, no tendrían más remedio, cual monopolio del pasado, que sucumbir ante su producto.

En este caso, tenía suficiente confianza con la persona y le dije: «¿Puertas de canto redondo? Creo que con este negocio vas a pillarte los dedos».

Deje de pensar en ideas, y céntrese en las oportunidades: «Más que de idea, yo hablaría de oportunidad. Una oportunidad puede basarse en una nueva idea o en una idea ya existente pero que se puede ejecutar de forma diferente. O de igual forma, pero en un lugar distinto. En todas estas situaciones uno puede tener éxito o puede fracasar. Todo depende de la manera como se ejecute el proyecto. Sin embargo, creo que desarrollar una oportunidad basada en una idea ya existente reduce el riesgo, ya que cuentas con más información de partida[12]».

O sea, que un emprendedor es un tipo con el afán del bombero, pero sin ideas de bombero. Y es que únicamente un infeliz confía sólo en su idea feliz.

La forma de la idea

Lo importante no es la idea, sino la forma de la idea. Esto es algo fundamental que ningún emprendedor debe olvidar. No todas las buenas ideas son buenos negocios. Insisto: lo que tiene valor es la forma que una idea toma. Si yo digo que

---

12. Entrevista a Emilio Mayo.

quiero fabricar y vender juguetes que sean educativos y baratos, nadie dará un duro por esta idea. Pero en eso consiste Imaginarium. Imaginarium es una idea sencilla que, explicada, no tiene valor aparente. Su valor está en *cómo* esa idea se ha llevado a cabo, en la forma de la idea.

Víctor Arrese, el fundador y creador de la cadena de comida Fresc&Co., explicó su idea a muchas personas antes de poder hacerla realidad: un bufet libre con sólo ensaladas, pasta y pizzas. Explicado así, no tiene mucha gracia.

Me dijo: «Si tienes una idea y todo el mundo te dice que es buena…, ¿cómo diablos va a ser buena?».

Porque lo interesante es la forma que se le da a la idea. En su caso, la idea, juzgada de inviable por todos los empresarios de restauración que consultó, resultó un éxito. ¿Por qué? En gran medida porque Victor Arrese identificó en aquellos reparos los elementos en los que tenía que trabajar más. Así, la forma final de su idea fue la de restaurantes modernos, en el centro de las ciudades, menús a mil pesetas, ingredientes sanos, posibilidad de repetir cuántas veces se quisiera… Vendió su cadena de restaurantes a Agrolimen unos años después, con varios locales abiertos por toda España.

Ésta es una máxima universal: más vale una idea mediocre brillantemente implementada que una idea brillante mediocremente implementada. Claro que es posible tener una ocurrencia feliz o inventar y patentar algo que funcione, pero, por cada emprendedor que triunfe gracias a la idea feliz, encontrará veinte que triunfan gracias a la forma de una idea que ni fu ni fa. El mundo está lleno de ejemplos de ideas que explicadas no valen nada, pero cuyo éxito se debe a la forma como han sido hechas realidad.

Un buen modo de saber si la idea le está cegando es preguntarse: «¿Si no tuviera mi gran idea estaría animado a emprender otro tipo de negocio?». Si la respuesta es «no», si al esfumarse la idea brillante que iba a hacerle rico ya no tiene ganas de emprender, entonces déjelo por ahora. Porque ése es un síntoma de que la idea le ciega, de que no es el afán de emprender lo que le mueve, como observábamos en el asalto «Emprendedores y bomberos». La idea le domina a usted y ante el primer revés se hallará desarmado.

¿Por qué le van a comprar?

No se centre en *qué* le van a comprar (eso no es importante), sino en *por qué* le van a comprar (eso sí que es clave). Lo importante no es el producto, sino la ventaja que sea capaz de construir y ofrecer.

¿Y qué es una ventaja? No hace falta que lea muchos libros de estrategia empresarial. Se lo resumiré. La gente le va a preferir a usted sólo por dos motivos: porque hace algo mejor o porque lo hace igual que los demás pero más barato.

Y no hay más.

Ese «¿por qué me van a comprar?» se aplica tanto a servicios como a productos tangibles e intangibles. Si no puede responder a esta pregunta, no tiene todavía negocio. Pero no es sólo eso. Si no es capaz de responder con una sola frase, es que su idea todavía no está bien definida. Un concepto de negocio que no pueda explicarse en menos de 30 segundos difícilmente podrá tener éxito. Porque si no puede resumirlo en una frase, tampoco va a entenderlo un cliente. Detrás de una idea que requiere más de tres minutos hay una indefinición del valor añadido que contiene. Cualquier cliente potencial se cansará y desconectará antes de entender qué tiene usted que ofrecerle porque todo el mundo desconfía del valor que puede tener algo que, tras tres minutos de explicaciones, aún no ha entendido.

Por tanto, eso de que no le quiten la idea es una memez. No se trata de no explicarla. ¡Al contrario! Coméntela con el mayor número de personas posible. Así obtendrá un montón de información sobre la forma que esa idea ha de tener para que resulte. No se trata de esconder la idea, se trata de contrastarla y de comprender cómo reacciona la gente ante ella. Sólo de esa manera acabará comprendiendo cómo moldear su idea, y qué es lo que hará de ella un potencial negocio.

Diferenciemos aquí dos conceptos. Uno, la forma de la idea, que es la capacidad de ponerla en valor en el mercado. Y dos, el modelo de negocio que la hace sostenible. Son dos elementos clave, pero con un matiz que los diferencia.

Poner la idea en valor significa ponerse en la piel del cliente en relación con el producto que va a lanzar, comprender muy bien por qué los clientes optan por un producto u otro. Eso es poner la idea en valor, un «por qué me van a comprar» relevante y evidente a los ojos del cliente.

Lo segundo es un modelo de negocio que la haga sostenible. Este punto lo desarrollaré en el asalto «Las ventas nos esclavizan y los beneficios nos realizan». Toda idea tiene uno o varios modelos de negocio que la hacen sostenible. Pero también cada idea tiene uno o varios modelos de negocio que la hacen inviable. Por tanto, la forma de la idea no solamente es la puesta en valor de la idea, sino la capacidad de enmarcarla en un modelo de negocio que le es afín. Dicho de otro modo, hay muchas ideas que, sin cambiarlas, pero con otro modelo de negocio distinto, no hubiesen fracasado.

Emprender es una mirada genuina sobre una idea cualquiera

He dicho antes que hay que distinguir entre buenas ideas y buenos negocios. Pero voy a ir un paso más allá. Yo incluso diría que no hay buenos o malos negocios, sino que hay buenos o malos gestores de ideas.

Esto no contradice la afirmación de que «la forma de la idea» prevalece sobre «la idea en sí», sino que la ratifica. He aquí una buena definición de negocio: «Un negocio es una mirada genuina sobre una idea cualquiera».

Lo aclararé con un ejemplo. Imaginemos un concurso entre dos escultores a los que entregamos dos bloques de piedra idénticos (los recursos) y una modelo (la idea). Ambos parten del mismo material y de la misma idea. El escultor que gane el certamen no lo hará gracias a la idea (la modelo es la misma para ambos), sino gracias a cómo su mirada sobre la realidad toma forma en la piedra. Del mismo modo, un buen emprendedor parte de una idea que puede ser conocida por todos, pero es su talento individual el que «mira» esa idea de una manera especial y la transforma en un negocio próspero.

Emprender tiene que ver con la creatividad, con el arte, con encontrar un estilo propio. Hay muchos factores, pero lo importante es tener una voz propia; si no, el mercado te hunde.

Así pues, el buen y auténtico emprendedor no teme que otros conozcan su idea, porque sabe que *él y su modo de mirar* son irreemplazables.

La adaptación de la idea en el momento de emprender

Muchas personas piensan que los emprendedores fracasan porque su idea no fue acertada. Se imputa a la idea, de forma mayoritaria, el motivo de los fracasos. Estoy radicalmente en desacuerdo. Cuestión de matices. Yo no creo que un negocio fracasa porque la idea es mala, sino porque el emprendedor se obceca con esa idea mala, que es muy distinto.

Hay que ser fiel a la idea original, pero hay personas que confunden esa fidelidad con una claudicación. Emperrarse en la idea es fatal. Eso suele suceder cuando estamos ante un falso emprendedor, cuyo motivo es sólo su idea y, en realidad, no tiene motivación.

Cuando estamos ante un emprendedor Gollum, ante una eventual modificación de la idea, todo se viene abajo. Ésos son los tercos que no ceden ante las evidencias. El fracaso se produce por no rectificar la idea o la forma de la idea cuando aún se está a tiempo. Y que nadie se engañe. Casi siempre hay tiempo para hacer modificaciones y, además, las evidencias de que es necesario un cambio no aparecen de repente, como por arte de magia. Los indicios son numerosos y reveladores. Otra cosa es querer verlos y tener la humildad y cintura para rectificar.

«La idea influye en los resultados mucho menos de lo que la gente cree. La idea original es un germen. No conozco ningún proyecto, ninguno, que no haya cambiado, incluso sustancialmente, desde la idea inicial. Un tema más y muy importante: cualquier idea, cualquiera, ha sido antes pensada o está siendo pensada al mismo tiempo no por cientos, sino por miles de personas a la vez. Es absurdo creer que nadie ha tenido o tiene esa misma idea. Tu idea la tiene otro, ¡hazte a la idea! Por tanto, lo que hay que preguntarse es: "¿Por qué otros no han implementado o no han llevado a la práctica esta idea si se les ha pasado por la mente?". La respuesta más fácil es "porque no la han tenido", pero, insisto, no es así; la han tenido. Repítete la pregunta: "¿Por qué no la han llevado a cabo?". Con esta pregunta no se trata de disuadir, porque entonces nadie llevaría a cabo una nueva idea. Se trata de comprender los factores diferenciales que hacen falta para que esa idea pueda ser implementada.

»La idea ha de pasar el filtro de la estupidez. Es el filtro del sentido común, que se aplica a todo. Hay que asumir que los clientes no son estúpidos. Podrás vender algo distinto a corto plazo por el factor novedad, pero si no ofreces una ventaja, un valor real y distinto, ahí se acabó y el cliente no repite. A medio plazo, estarás muerto[13]».

La adaptación de la idea a lo largo del tiempo

He aquí un testimonio interesante: «Creo que detrás de un proyecto exitoso hay una idea de negocio muy sencilla. En mi caso fue asesorar de forma independiente a los clientes. Aunque parezca extraño, en mis inicios, años atrás, el asesoramiento financiero lo hacían agentes financieros muy parciales y poco preparados. Eran simples vendedores de sus productos y especialmente de aquellos con altos márgenes. Se hacían verdaderas barbaridades. Vendían productos de los que desconocían sus efectos fiscales, su riesgo, su liquidez. No valoraban si el producto era el más adecuado para aquella persona.

»En resumen, la idea inicial ha sido inmutable, lo que ha variado mucho han sido las diferentes formas de satisfacer la necesidad. Es decir, no me he centrado en los productos, sino en la satisfacción de necesidades financieras, y esas necesidades cambian con los cambios fiscales, con la situación específica de los clientes, con las nuevas tecnologías, etc.[14]».

La empresa Panda Software, como recoge una de las emisiones del programa de televisión Emprendedores de la Escuela Banespyme se encontró a mediados de la década de 1990

---

13. Entrevista realizada a Ferran Soriano.

14. Entrevista realizada a Felip Artalejo.

con el advenimiento de Internet. Los virus dejaban de ser una enfermedad que se transmitía a través de disquetes para ser una pandemia global que se transmitía a través de líneas de telecomunicaciones. Las multinacionales aparecieron. Durante varios meses, Panda Software congeló las actividades para dedicar todos sus esfuerzos a localizar la gran mayoría de virus que había en el mercado. Es decir, tuvo que modificar su producto. Pero, además, para sobrevivir tenía que pasar de ser una empresa local a convertirse en una empresa global. ¿Cómo hacerlo en poco tiempo y con pocos recursos? ¿Cómo podía una empresa local española competir con grandes multinacionales? Panda Software optó por franquiciar su negocio para competir con gigantes de la informática. En pocos meses eso le permitió alcanzar casi cualquier rincón del mundo. El emprendedor detrás de Panda, Mikel Urizarbarrena, modificó radicalmente la forma de su idea. Supo ver que la forma de su idea estaba caducando, lo asumió sin complejos y actuó sobre el producto y el alcance geográfico de su empresa para sobrevivir. Un cambio en el entorno, imprevisible, estuvo a punto de ser el final de la empresa porque hizo obsoleta la forma de la idea.

Éstos son dos casos que ejemplifican cómo la idea inicial no es inmutable y puede ser adaptada a los cambios del entorno.

Pero, claro, puede objetarse que una cosa es modificar la forma de un negocio y otra el objeto del mismo, el cien por cien de la idea inicial. Un cambio radical es caro e, incluso, inviable. Si yo fabrico alas delta y me va mal, no puedo ponerme a hacer relojes de pronto.

Pues sí y no. Claro que la idea condiciona las inversiones y hay elementos que no pueden modificarse así como así. Pero introduzca un plan B por si su idea no cuaja. Es posible redirigir los negocios hacia productos o sectores adyacentes o ponerlos al servicio de ideas distintas. Una empresa es como un vehículo. No puede circular por cualquier pista, pero puede tomar más de una dirección.

Josep Maria Lloreda me explicó que «los resultados de hoy forman parte de las ideas de ayer, y hoy tenemos que crear ideas para que influyan en los resultados de mañana. El mundo está vivo y la realidad cambia de manera continua. En el caso de KH Lloreda, pasar de una idea de negocio a otra ha sido algo inherente a nuestra historia. La empresa pasó del mundo de la joyería al de la electrónica, de este a la orfebrería, hasta finalmente dedicarse a los detergentes. Esto ha significado una adaptación a los diferentes clientes, sistemas de trabajo, materiales y maquinaria de cada negocio».

De joyería a electrónica, de electrónica a orfebrería, y de orfebrería a detergentes. Estos negocios fueron emprendidos por la misma persona en una misma nave. Las circunstancias que en un momento dado justificaban un producto desaparecían, y era preciso reestructurar y reorientar el negocio. Detrás de estas ideas tan dispares hay un elemento común: la persona que las emprendió.

Cuando las cosas empezaron a ir mal en su empresa de joyería, a Josep Maria Lloreda le hubiera sido muy fácil decir que la idea falló y arrojar la toalla. Pero el buen emprendedor sabe que una idea que se modifica a tiempo nunca fracasa.

• R E S U M E N •

Nunca ponga todas sus esperanzas en la idea. Lo importante no es la idea, sino la forma de la idea. Sólo podrá averiguarla hablando y mostrando su idea al mayor número de personas posible.

No se centre en qué va a vender, sino en por qué los clientes le van a comprar.

A toda idea le corresponde no sólo una forma que la hace ganadora, sino también un modelo de negocio que la hace viable. Es fundamental diseñar ambas cosas.

Normalmente, la idea es inmutable y la forma de la idea varía a lo largo del tiempo. Hay que tener flexibilidad y humildad para modificar la idea tanto al inicio de las actividades como durante las mismas, cuando los indicios lo recomiendan.

Octavo FCF: pensar que de la idea depende el éxito.

NOVENO ASALTO

NINGÚN NOVEL
HA GANADO UN NOBEL

*La importancia de escoger un sector
en el que se tiene conocimiento*

El sector es una decisión y no una consecuencia

Vamos ahora a adentrarnos en un cuarto tema que explica muchos de los fracasos de los emprendedores: el sector de actividad en el cual se emprende.

Todo emprendedor debería plantearse por qué ha escogido el sector de actividad donde va a emprender.

¡Ah...! Pero... ¿se escoge?

Ése es el problema. A menudo, el sector de actividad no es una decisión meditada, sino la consecuencia de una idea aleatoria. Por ejemplo, estando de viaje por un país lejano, uno descubre un tipo de zapato que no existe en su país. Cree haber detectado una oportunidad alrededor de aquel zapato singular. Eso determina que emprenda en el sector del calzado. El matiz es importante. No me introduzco en el sector del calzado por lo que este significa para mí o por su potencial atractivo, sino que lo hago arrastrado por el zapato con el cual me topé.

Son muchas las ocasiones en las que un emprendedor se obsesiona con una idea determinada que captura su atención. La idea pasa por encima del atractivo del sector o del grado de conocimiento que el emprendedor tiene de este.

En tales casos, el sector es una consecuencia en lugar de una decisión consciente y meditada. Y esto es un grave error porque, en relación con el sector de actividad, se articulan dos nuevos FCF: no dedicarse a lo que a uno le gusta de veras y emprender en un sector donde uno no tiene experiencia. Veamos estos dos factores por separado.

El más mediocre, si trabaja en lo que le gusta, acaba siendo excelente

Recuerdo el caso de un amigo que pasó varios meses en Estados Unidos para detectar oportunidades. Allí halló un concepto de tienda de comida rápida que le fascinó. Se dedicó durante más de seis meses a estudiar cómo funcionaba, qué tipos de productos tenía, cuáles eran los precios, todos y cada uno de los detalles del concepto en cuestión. Pero no dedicó casi nada de tiempo a analizar si le gustaría trabajar en la restauración en España; es decir, si le gustaban el sector y el país donde iba a emprender.

Recuerdo que vino a verme pocas semanas antes de lanzar su proyecto. Me dijo que quería pedirme consejo, pero en realidad no quería escuchar nada que no fuese positivo. Yo le pregunté sobre su experiencia en el campo de la restauración y, dentro de este de la comida rápida. «¿Has trabajado en ello antes? ¿Conoces cómo funciona? ¿Te gusta mucho este sector de actividad?».

Esta persona no escuchó ninguna de mis preguntas. Me hablaba de forma mecánica sobre las grandezas de los locales americanos y por qué funcionaban tan bien. Mi amigo había trabajado durante ocho años en una agencia de publicidad. Conocía a la perfección ese negocio. Sin duda, puestos a emprender, tenía mucho más potencial dedicando sus energías al mundo de la publicidad. Hasta descubrir los locales en cuestión, su interés por la restauración había sido nulo. Me reconoció que el negocio de *fast food* no le atraía especialmente, que lo que le gustaba, y muchísimo, eran los locales estadounidenses que había estudiado con tanto detenimiento.

Le dije que no lo veía claro. Además, hacía falta muchísima inversión, pues para que los números saliesen de entrada tenía que abrir tres locales en Barcelona, Madrid y Sevilla. Procuré convencerle de que no lo hiciese. Era obvio que no le gustaba el sector. Estaba deslumbrado por un concepto del extranjero que no necesariamente tenía que funcionar aquí. Intenté persuadirle de que abriese una agencia de publicidad o algo relacionado con los servicios de marketing, área que él conocía bien y donde, con su capacidad de trabajo e inteligencia, sin duda prosperaría. «¿Te has cansado de la publicidad?», le pregunté. Me dijo que no, que no le había dejado de gustar la publicidad, pero que le apetecía mucho más lo del *fast food* y que quería probar algo distinto.

Abrió todos los locales y tres años después estaba arruinado. Hoy trabaja por cuenta ajena y, para más inri, en una agencia de publicidad, que era lo que quería dejar de hacer.

Es el típico caso de empecinamiento en una idea o en un producto. Es algo peligrosísimo. Se obvia cualquier consideración sobre el sector y, además, se desata en el emprendedor una especie de rigidez increíble y una negativa a modificar su producto o idea. Es lógico. Si la idea cambia demasiado, deja de interesarle. Eso significa que, en realidad, ese sector no le atrae.

Ésta es una recomendación muy útil. Si usted está pensando en emprender una idea concreta de negocio o en lanzar un producto o servicio determinado, haga este ejercicio: deseche la gran idea y sopese si, con otra distinta, le puede seguir apeteciendo el sector de actividad o industria donde va a meterse.

En el caso anterior, la pregunta que mi amigo tenía que haberse formulado era: «Si no puedo lanzar el concepto de *fast food* americano, ¿me apetece igualmente montar un *fast food* diferente?».

Si, sin esa idea concreta, el sector no le seduce, piénseselo dos veces. Porque es altamente probable que su idea tenga que ser modificada, como expliqué en anteriores asaltos. O incluso es posible que, al cabo de uno o dos años, tenga que abandonar la idea original y sobrevivir con otra distinta en ese mismo sector.

Uno de los entrevistados me dijo: «Es cierto que hay sectores muy duros, pero también que es fundamental que tú encuentres divertido el sector, que te ponga cachondo».

Y otro: «Para escoger un sector has de tener cierto *feeling* con él. Es como un noviazgo. Hay gente que conoce muy bien sectores que, en realidad, no les atraen, son sectores donde no les apetece trabajar. Fracaso seguro. El sector te tiene que motivar muchísimo».

A cualquier emprendedor tiene que gustarle o atraerle mucho el producto. Víctor Arrese me dijo: «Sobre todo, te ha de encantar el producto». Cuando él abrió la cadena de restaurantes Fresc&Co, ni él ni sus socios tenían ni idea del negocio de restauración. Pero, en cambio, les chiflaba el producto. Fijémonos en que es completamente distinto a lo que le sucedió al que abrió la cadena de *fast food*. En su caso, el sector de la restauración no le atraía. Sólo se había enamorado de un tipo de locales extranjeros, no del servicio o producto que había detrás.

A un loco de las motos puede irle bien montando un concesionario de motocicletas aunque no haya trabajado nunca en él. Tendrá que aprender muchas cosas en el camino, pero, como las motos le encantan, eso será para él una motivación, no un obstáculo que deba superar.

En definitiva, un FCF es emprender en un sector que a uno no le atrae especialmente.

Ningún novel ha ganado un Nobel

Pero como indica el título de este asalto, también puede ser un FCF emprender en un sector que no se conoce bien. Los noveles no suelen ganar ningún Nobel.

Recuerdo el caso de dos arquitectos argentinos de unos 50 años que me llamaron porque querían lanzar un concepto de juego de azar mezclado con club de compra que habían visto en Israel. Los visité en su despacho de arquitectura. La idea era original, pero yo sólo les hice varias preguntas: «¿Cómo les va en este despacho de arquitectura?». Me respondieron que perfectamente. Y entonces les pregunté: «¿Para qué diantre se quieren complicar ustedes la vida a los cincuenta años, si les van tan bien las cosas? ¿Por qué quieren dedicar tiempo a un sector que ni conocen ni necesitan? ¿Acaso van a descuidar su negocio y ponerlo en riesgo para dedicarse a esto? Si están aburridos, hagan un viaje o construyan maquetas. Pero esto es una insensatez».

Me miraron y no respondieron. La ilusión no se pierde nunca. Ni a los 50 años. Eso es bueno, pero no para hacer tonterías. Le aseguro que este caso es cierto. Para que se haga a la idea de cuánto pueden cegar las ideas felices.

Si no conoce o no ha trabajado en el sector donde emprende, las posibilidades de éxito se reducen. ¿Por qué? Porque uno desconoce si está redefiniendo las reglas del sector. «La inocencia sólo debe practicarse en una tómbola. No se pueden romper las reglas sin conocerlas, es algo que no suele suceder. Es mejor apostar conociendo los riesgos que hacerlo confiando en la fortuna pasajera[15]».

¿Y por qué hay que modificar las reglas del sector? ¿Es estrictamente necesario? Bueno, en un sector en auge, con un crecimiento espectacular al cual sumarse, puede permitirse el lujo de emprender sin demasiada creatividad y limitarse a imitar lo que hace el resto. En estos casos, un mediocre triunfa gracias a la bonanza del sector. Pero si emprende en un sector maduro o estable y se limita a hacer lo mismo que los demás competidores, es casi seguro que no conseguirá nada. O hace algo distinto, o es muy difícil que le vaya bien.

José Aguirre me explicó que la editorial que tuvo que cerrar no funcionó porque lo hizo todo bien. Es decir, hizo lo que había que hacer en una editorial bien gestionada. Pero no hizo nada distinto, y el sector editorial estaba atravesando una crisis. Aprendió de su experiencia. En Bestiario, su actual empresa, todo es innovación continua.

Por tanto, cabe deducir que, si emprender sin hacer algo distinto es una fuente de fracasos, emprender innovando proporciona más posibilidades de evitar el fracaso.

¿Y cómo sabemos si estamos innovando en un sector? Sólo lo sabremos si lo conocemos bien o si hemos trabajado en él.

Es fundamental conocer el sector, porque entonces uno sabe qué reglas está retando, qué aspectos del sector está cuestionando.

---

15. Entrevista a Xavier Gabriel.

Juan Carlos Tous trabajó durante muchos años en el sector de distribución de películas de vídeo y DVD, y lo conocía a la perfección. En un momento de su carrera profesional, decidió que estaba preparado para montar su propia empresa. Su idea fue muy sencilla: hacer partícipes a sus proveedores, las productoras de cine, de un negocio del cual apenas participaban: la distribución en vídeo y DVD de sus propios productos. Habló con varias productoras y les propuso invertir con él en su negocio. De este modo, se aseguraba de forma automática los derechos para DVD y vídeo de esas productoras. Estamos ante lo que se denomina una integración vertical hacia abajo. El proveedor se integra en el negocio de su cliente.

Aquí no hay una idea de negocio basada en un invento extraño, en un tipo de vídeo o tecnología determinada... Lo único que hizo este emprendedor, hoy hombre de éxito al cargo de Cameo Media, fue redefinir las reglas del sector. Pero eso sólo podía hacerlo alguien que las conociese bien.

¿Es todo tan fácil? No. Todo el mundo le decía que lo que planteaba era imposible, que jamás pondría de acuerdo a diferentes productoras (que competían entre sí en las carteleras) para asociarse aunque fuese en otro negocio distinto. Ése fue el reto. Juan Carlos Tous tiene una increíble capacidad de aunar intereses y plantear acuerdos donde todas las partes ganen. La jugada le salió redonda.

Más vale un sector conocido. Ahí se puede llegar a emprender incluso con una idea no demasiado potente.

Pero ¿qué pasa si, aun así, quiere emprender en ese sector que no conoce y en el que no tiene ninguna experiencia?

¿Significa eso necesariamente que va a fracasar? No. Pero tiene que hacer algunas de las siguientes cosas que se proponen a continuación:

1. La primera posibilidad es hablar con personas de ese sector y explicarles la idea que quiere llevar a cabo (no se preocupen los emprendedores Gollum, que no les van a quitar la idea). Es necesario que comprenda bien cuáles son los motivos por los cuales otros expertos le dicen que eso no va a funcionar. No porque tengan razón, sino porque, a través de sus dudas, usted podrá identificar y anticiparse a las principales dificultades que hallará cuando emprenda.

2. La segunda posibilidad es trabajar en ese sector durante unos meses, mientras planifica su proyecto empresarial. Le dará la sensación de que son unos meses perdidos, pero nada más lejos de la verdad. Esos meses le proporcionarán una perspectiva y una experiencia impagable. Además, sin perder dinero ni correr riesgos, pues lo hará por cuenta ajena, y cobrando. Un entrevistado me dijo: «Se puede emprender perfectamente en un sector que no se conoce, pero hay que darse el tiempo necesario para conocerlo».

3. La tercera posibilidad es la de incluir en su empresa a un socio (a pesar de que es mejor no tenerlos) con dilatada experiencia en ese sector. Esa persona actuará como una especie de Pepito Grillo que le advertirá de los peligros o dificultades que su nueva idea va a tener en el sector que él conoce bien. Ese socio le será menos útil al cabo de unos años, pero en los primeros tiempos acortará de forma meteórica la curva de experiencia que usted necesitaría recorrer por sí mismo y que, en el ínterin, puede provocarle pérdidas y dolores de cabeza.

La combinación de alguien del sector con alguien de fuera es enriquecedora. El primero acorta la curva de experiencia y el segundo trae ideas de otros sectores o industrias para romper las reglas y aportar algo innovador.

Hablar, observar, viajar, preguntar, mantener una actitud abierta hacia los productos de su sector y lo que hacen sus competidores son algunas de las cosas que hay que hacer. Su idea o producto dejarán de ser importantes. El verdadero emprendedor no es una persona que implementa una idea, sino alguien que domina y reinventa un sector.

• R E S U M E N •

La elección del sector de actividad en el cual emprenda ha de ser el resultado de una decisión consciente, nunca la consecuencia aleatoria de una idea de negocio.

Emprenda en sectores que le atraigan mucho o en productos que le encanten. Emprenda en sectores que conozca. Si no los conoce, dedique tiempo a conocerlos o rodéese de personas de ese sector.

Por lo general, para no fracasar hay que aportar algo nuevo al sector de actividad en el que uno se introduce, y eso sólo puede hacerse sabiendo qué reglas se están rompiendo y no desde el desconocimiento o la ingenuidad.

Noveno FCF: adentrarse en sectores que no gustan o se desconocen.

DÉCIMO ASALTO

LOS BUENOS BANCOS

*Sobre la importancia de escoger sectores
en auge o rentables*

El sector de actividad es una fuente de financiación

Uno de los principales problemas a los que debe hacer frente el emprendedor es la falta de financiación. Todo negocio precisa un mínimo de capital para ponerse en marcha.

Las fuentes de financiación más habituales son los inversores privados. A menudo, tiempo atrás se trataba de familiares, pero en la actualidad puede encontrar un amplio surtido de sociedades capital riesgo interesadas en nuevos negocios con potencial. Estos inversores apuestan parte de su capital por un proyecto de empresa determinado. La segunda fuente de financiación más habitual son los bancos. Esto es de lo que le hablarán en cualquier libro sobre cómo montar un negocio.

Pero además de estas dos fuentes de financiación, existe una tercera con capacidad de generar más liquidez, que es más rápida y más económica que cualquier entidad financiera. Esta fuente de financiación es poco considerada por los emprendedores, en general.

Se trata de su sector de actividad. En el asalto anterior hemos puesto de manifiesto la importancia de escoger un sector por el cual uno se sienta atraído y que, además, conozca bien. Otro FCF en lo que respecta al sector de actividad en el que se va a emprender tiene que ver con la situación económica del mismo.

Es conocida la expresión: «Estaba en el momento y el lugar adecuado». Con esta frase se quiere significar el hecho de que, a menudo, lo que una persona consigue o lo que le sucede no ha dependido tanto de ella como de las circunstancias que le rodeaban.

Un emprendedor, cuando pone en marcha un negocio en una industria, lugar geográfico y momento del tiempo está, literalmente, rodeándose de unas circunstancias determinadas. Si son propicias, sus probabilidades de éxito se multiplican de forma exponencial. Si esas circunstancias son de escasez, incluso el mejor de los emprendedores pasa por un calvario para sobrevivir.

A finales de los 90, un grupo de jóvenes españoles fundó Cluster Consulting. Estos jóvenes detectaron que había una oportunidad para una consultoría de alta dirección especializada en el sector de las telecomunicaciones. Dieron en el clavo. Multitud de empresas de telefonía fija, telefonía móvil e Internet, presionadas por fechas de inicio de actividades (*start-ups*, en la jerga), necesitaban como agua de mayo ejércitos de profesionales bien preparados y, a poder ser, con experiencia en telecomunicaciones.

Cluster Consulting creció de forma imparable entre 1996 y 2001, pasando de una decena de consultores y una sola oficina en Barcelona a más de 450 consultores con varias oficinas distribuidas por todo el mundo. En 2001 Cluster Consulting fue absorbida por la norteamericana Diamond para convertirse en DiamondCluster, pero ese año la explosión de la burbuja tecnológica tuvo lugar y, en pocos meses, las desinversiones de todos los mercados de capitales en empresas de telecomunicaciones dejaron sin recursos a la mayoría de empresas del sector. Entre 2001 y 2006, DiamondCluster dejó de crecer y el número de proyectos se redujo drásticamente.

Los emprendedores que había detrás eran los mismos. ¿Qué había cambiado? Solamente las perspectivas del sector. He tenido la oportunidad de intercambiar opiniones con socios de DiamondCluster que en aquella época vendían proyectos de un millón de euros con una habilidad pasmosa. Hoy, años después, me he encontrado a más de uno en la sala de espera de una multinacional del sector de la alimentación para vender un proyecto de consultoría al uso. El comentario fue siempre: «Yo que hace sólo cuatro años vendía proyectos de varios cientos de miles de euros como si nada, ahora tengo que sudar sangre para colocar uno de cuarenta mil euros».

No estoy queriendo decir con el anterior ejemplo que los que fundaron y condujeron DiamondCluster a unas increíbles cotas de crecimiento no tuvieron mérito alguno y que, sencillamente, estuvieron en un lugar y momento adecuado. En absoluto. En primer lugar, tuvieron un gran mérito y anticipación al escoger ese momento y ese lugar.

El otro día me encontré a una amiga que me dijo que iba a emprender.

—¿De qué se trata? —le pregunté.

—De una revista femenina —me respondió.

—Ya —dije yo.

Ella me leyó la cara.

—No, pero la idea es muy buena —me aseguró.

No dudo de que la idea fuese buena, pero sí de que emprender en el sector de revistas femeninas sea atractivo. Demasiadas revistas, competencia atroz, ingresos por publicidad bajando, anunciantes replanteándose su *mix* de inversiones publicitarias debido a los cambios en los hábitos de ocio de la población, sector estancado, cierres de varias revistas cada año… Lo siento, por muy buena que sea la idea, no me metería en ese sector ahora ni borracho.

Es como lo de los videoclubs. Cuando éstos aparecieron, abrir un videoclub en cualquier barrio era un negocio redondo. ¿Quién piensa ahora en abrir un videoclub? Solamente algún cinéfilo despistado.

Este es el primer mensaje: el emprendedor, antes de emprender, debe escoger sus circunstancias para no ser víctima de ellas. Como Napoleón dijo: «¿Circunstancias? ¿Qué son las circunstancias? ¡Yo soy las circunstancias!». Los fundadores de Cluster Consulting supieron elegir sus circunstancias, mientras que mi amiga de la revista femenina está escogiendo circunstancias horribles.

En segundo lugar, el ejemplo de DiamondCluster sirve para ilustrar hasta qué punto unas mismas habilidades pueden dar frutos positivos o negativos en función del entorno. Los emprendedores y consultores que fundaron y desarrollaron Cluster Consulting lo hicieron excelentemente. No sólo había que darse cuenta de que una consultoría de telecomunicaciones en los 90 era un lugar y momento ideal para emprender con éxito, sino que tenían que hacerlo bien. Que nadie reste méritos a nadie.

Un entrevistado me dijo: «Ahora todo el mundo se quiere meter a promotor inmobiliario. Se quedan solamente con la anécdota del pelotazo. Del fulanito o el menganito que aparecen en prensa porque han ganado en diez años millones de euros, y se han hecho ricos de la noche a la mañana. Muchos emprendedores ignoran que, a pesar de que el sector pueda ser muy atractivo, detrás de aquella historia de éxito hay alguien que ha sabido hacerlo bien, que ha arriesgado y que ha trabajado duro. Pero nos quedamos con la anécdota. Ese sector da dinero».

Es cierto. Después de escoger un sector adecuado, hay que hacerlo bien.

Pero la cuestión a la que quiero llegar es otra. La cuestión que me interesa ahora es la siguiente: si asumimos que los socios de DiamondCluster lo hicieron muy bien, cabe preguntarse cuánto influye el sector de actividad si personas tan competentes no consiguen años después en otros sectores ni una décima parte de lo que lograron antaño.

Este es el segundo mensaje: puede que el emprendedor más mediocre en un sector que vale la pena no coseche éxitos, pero está demostrado que el emprendedor más brillante y hábil, en un sector poco adecuado, tampoco prosperará.

Estos argumentos tienen suficiente peso como para detenerse a examinar si el sector de actividad en el cual va a emprender es un sector atractivo; si es, en términos financieros, un buen banco.

¿Por qué digo un buen banco? Pues porque los sectores que crecen rebosan liquidez por todas partes. No sólo encontrará inversores interesados en confiar su capital a emprendedores con buenas ideas y ganas de luchar, sino que verá que la propia dinámica del sector genera una liquidez formidable. Las leyes de los mercados no fallan. Mucha demanda y poca oferta significa que las empresas que ofrecen sus servicios o productos tienen más poder a la hora de negociar. Uno puede encontrar financiación en los proveedores y obtener cobros anticipados de los clientes. Los propios bancos le concederán muchas más facilidades para financiarse a corto o largo plazo. Todas las tensiones de tesorería que se viven en los sectores en crisis se transforman en alegría en aquéllos en auge.

Poner en marcha un negocio sin padecer tensiones de tesorería es como jugar al póquer con el derecho a tener un comodín y un as cada vez que se repartan las cartas.

He aquí algunos testimonios de los entrevistados que refrendan esta conclusión:

«Creo que en cualquier sector se puede aportar valor, pero es fundamental la elección de un sector de actividad que esté de moda. Por ejemplo, hoy en España hay muchos "emprendedores" del sector de la construcción y en cambio muchos cadáveres de "emprendedores" del sector textil».

«Para mí la elección del sector es clave. Tengo un amigo que es el número uno en bolsos, nadie sabe más que él. Se gana bien la vida y mientras tanto gente tonta se forra en el sector inmobiliario. Primero lo que más te guste y después, entre los productos que más te gusten, aquellos que den más dinero».

Cómo evaluar si un sector vale la pena

Ahora una pregunta obligada: ¿cómo saber si un sector es suficientemente atractivo?

No me voy a extender en ello porque este no es un libro técnico, sino un libro de criterios. De todos modos, a continuación expongo siete características que, una a una, incrementan el atractivo de un sector de actividad. Si se da solamente una de ellas, el sector será menos atractivo que si se dan las siete. En cualquier caso, considere cuáles son las más importantes en su caso.

1. *Crecimiento del sector*

Lo importante no es si el sector es muy grande o muy pequeño, sino cuánto crece. El crecimiento es fundamental porque, como dijimos en el asalto anterior, es mucho más fácil facturar tomando una porción del crecimiento futuro que todavía no es de nadie que facturar tomando una porción del volumen actual, que pertenece a la competencia. En el primer caso, se trata de cogerse a la cola del cometa y dejarse llevar. En el segundo, se trata de hacerlo mejor que los competidores y arrebatarles una parte del pastel que va a ser defendido con uñas y dientes[16].

Me dijeron a este respecto: «A un sector le pido que tenga posibilidades de crecimiento porque es más fácil participar del crecimiento futuro que tomar cuota de mercado actual. También le pido que tenga factores de disrupción, ya sean tecnológicos o culturales, que algo se esté rompiendo ahí, porque en esas brechas puedes encontrar oportunidades».

2. *Rentabilidad del sector*

Otro entrevistado me dijo: «Un sector, para que resulte atractivo a un emprendedor, debe tener dimensión suficiente para absorber errores iniciales y permitir márgenes de beneficio adecuados. En definitiva, el río debe ser ancho».

Es el denominado *bottom line*. En general, casi todas las empresas de un sector de actividad, a pesar de tener diferentes grados de eficiencia, suelen convergir en un nivel similar de rendimiento económico. Por ejemplo, en el sector servicios, los beneficios están en torno al 20 por ciento de la facturación. En una cadena de distribución de productos alimenticios, en torno al 10 por ciento. En una industria metalúrgica, sobre el 5 por ciento... Por tanto, antes de emprender, escoja

---

16. En anuarios económicos o revistas especializadas, a veces en el propio gremio o periódicos de economía y negocios, encontrará información gratuita sobre el volumen total de facturación del sector en el cual va a emprender.

sectores rentables donde, como dice el testimonio anterior, los errores se absorben mejor.

La rentabilidad no es un dato constante. Hay sectores donde el ratio de beneficio sobre ventas se mantiene y otros donde está hundiéndose año tras año. Eso suele suceder cuando el número de competidores es tan elevado que se desata una guerra. Una guerra de precios. Las ofertas para llevarse los pedidos de los clientes son pornográficas y, dada una estructura de gastos constante, los beneficios se derrumban. Por eso no sólo es conveniente escoger sectores rentables, sino también aquellos donde, de momento, la competencia no sea feroz, que es la característica del punto que viene a continuación.

3. *Grado de competencia*

Un sector saturado es, por definición, un sector poco rentable. Tomemos el ejemplo del sector editorial. Era un sector muy atractivo hace unos pocos años: con relativamente poca inversión y riesgo, podían obtenerse muy buenas rentabilidades. En estos momentos, el número de títulos publicados en España se ha disparado: más de 50.000 al año. Las librerías reciben cada viernes unas 100 novedades.

Según un artículo aparecido el mes de diciembre de 2006 en el diario *El País*, las editoriales reconocen que lograr más de 2.000 copias con un libro puede considerarse un éxito. Piénsese que eso no les deja ni 6.000 euros de margen total.

Ante esta dificultad, las editoriales han optado por una estrategia que «limpie» el sector. Se trata de lanzar el máximo número posible de títulos de modo que las pequeñas editoriales queden ahogadas financieramente.

El otro día me presentaron a una persona que estaba montando una editorial. Pensé que era por interés personal hacia un tipo de libros concretos o por interés en promover un tipo de literatura determinada que tenía poco apoyo en España. Hay personas que emprenden en este sector, no por dinero, sino para dar a conocer a escritores extranjeros apenas conocidos en su país. Por amor al arte; en este caso, a la literatura. Pensé que este era el caso de esa persona. Pero cuando le pregunté por qué emprendía en el mundo editorial, me respondió que quería ganar dinero y que, por lo que había oído, era relativamente sencillo hacerlo en este sector. ¡Ja!

4. Requerimientos de inversión bajos

«Recomiendo empezar con negocios de poca inversión, originales, divertidos y beneficiosos en su amplio margen comercial».

Si puede escoger un negocio donde la inversión inicial sea reducida, tanto mejor. Hay quien sostiene que los sectores con inversiones fuertes son atractivos porque la inversión inicial constituye la mejor barrera de entrada a la competencia. Estoy de acuerdo, siempre que se esté forrado o si disponga de mucho apoyo financiero. Pero no suele ser el caso del emprendedor y, todavía menos, del joven emprendedor novel.

Tengo un conocido que emprendió un negocio que requería una inversión inicial de 2 millones de euros. Se trataba de una cadena de tiendas. El sector no estaba en auge, no era excesivamente rentable y, además, había que invertir fuerte para arrancar. ¿Por qué se metió ahí? Porque estaba como loco con la idea, ¡cómo no! ¡De nuevo la famosa idea de negocio!

Fracasó. El problema de fracasar invirtiendo 10.000 euros o invirtiendo 2 millones de euros no es el mismo. Es cierto eso que se dice que cuando uno suspende pagos debiendo 10.000 euros tiene un problema y que cuando uno suspende pagos debiendo 2 millones de euros el problema lo tiene el banco. A corto plazo, sí; pero a largo, no, porque ese emprendedor, quizá con potencial en otra ocasión, difícilmente volverá a obtener financiación para otra aventura.

Adicionalmente, no tiene nada que ver el cuerpo que a uno se le queda fracasando con 2 millones de euros que fracasando con 10.000. He conocido a emprendedores de los dos tipos. Los segundos asumen su error y vuelven a intentarlo. Los primeros recuerdan aquella época como la peor de su vida. El poso de ese fracaso es difícil de olvidar. «*Nunca mais*», dicen, como los gallegos con el *Prestige*.

5. Momento económico

Es la característica número 5, pero debería ser la primera en importancia. En ciclos expansivos triunfa hasta el más tonto. De veras, el asunto no es baladí. Cuando las expectativas de la economía son buenas, hay alegría generalizada. Se invierte, se arriesga, se compra, se comercia, se negocia poco... En situaciones así prima la velocidad. La velocidad de entrega, de reposición... Y se generan muchísimas oportunidades, incluso en los sectores menos atractivos.

En 1988 conocí en la Universidad de Michigan a un joven brasileño —de las personas más inteligentes que he conocido— que era ingeniero industrial y que, con sólo 25 años, había inventado y patentado unos maniquíes móviles para escaparates que tuvieron un gran éxito en su país. Llegó a tener una fábrica con más de 50 trabajadores.

Eran los años de bonanza en Brasil. Luego llegó la crisis y lo primero que recortaron los comercios fue los gastos en *merchandising*. Si el maniquí no se mueve, es más barato y las cosas no estaban para que los maniquíes hiciesen monadas.

Mi amigo fue suficientemente inteligente para cerrar a tiempo. Con todo el dinero ahorrado, después de indemnizar adecuadamente al personal, decidió pagarse un MBA en Estados Unidos. Me dijo que mientras la situación económica no mejorase en Brasil no tenía sentido emprender, por lo que prefería aprovechar aquellos años para aprender gestión empresarial en Estados Unidos.

El caso es que ese brasileño lavaba platos en un restaurante del campus para ganar dinero, pues, con la devaluación, el dinero ganado en aquellos años no alcanzaba para todo el MBA y los gastos de alojamiento.

Aquél era un emprendedor nato. No se le caían los anillos para nada. Pocos meses antes había sido dueño de una empresa de ingeniería que fabricaba maniquíes móviles y ahora lavaba platos. Y sin problemas. Como buen brasileño, siempre sonreía y rebosaba optimismo. Recuerdo que fue él quien me dijo que el principal FCF de un emprendedor es el ciclo económico en el que invierte y... desinvierte.

Eso fue sorprendente. Su mensaje no fue sólo que había que emprender cuando la economía iba bien, sino que había también que plantearse, cuando la economía iba mal, si era mejor desinvertir o vender el negocio a tiempo.

Desde luego, los parámetros de estas decisiones no eran los mismos en el Brasil de la década de 1980 que en la España o Latinoamérica de 2007, pero no debemos subestimar este sabio consejo.

Si la economía no está muy boyante y puede esperar a emprender, entonces tenga paciencia y espere.

6. *Lugar geográfico en auge*

La conclusión es muy similar a la del anterior punto. Por encima del atractivo del sector, está el atractivo del lugar. Invierta o emprenda en regiones en desarrollo, en crecimiento, donde hay oportunidades.

China crece un 10 por ciento anual, Europa no llega al 2 por ciento. ¿Dónde va a ser más fácil tener éxito independientemente del sector?

Pues eso.

7. *Gestión poco profesionalizada*

Hay una característica a menudo obviada que constituye un buen generador de oportunidades, sobre todo para las personas con buenas dotes de gestión y grandes dosis de sentido común.

Como Juanjo Nieto me dijo: «A mí me gusta meterme en sectores donde no hay criterios de gestión. Porque eso es para mí una ventaja competitiva. Si entro a competir en sectores donde los técnicos son los que dominan las empresas, yo sé que puedo vencerlos gracias a la gestión porque es la gestión la que, a la larga, hace sostenibles los negocios. Lo importante es conocer los parámetros fundamentales que se precisan para dominar cualquier sector. Eso es lo importante».

No está nada mal. Ni momento, ni rentabilidad, ni tan siquiera idea de negocio. Sencillamente, escoger un sitio donde lo que uno sabe hacer bien pocos saben hacerlo.

• R E S U M E N •

Un sector de actividad atractivo es un generador de liquidez mayor que el de un socio capitalista o una entidad financiera.

El buen emprendedor se rodea de circunstancias favorables. El sector de actividad es la circunstancia más importante que rodea al emprendedor. Por tanto, ha de ser atractivo.

Incluso el mejor emprendedor, en un sector en crisis, lo hace mal. Es tan importante la elección de dónde y cuándo invertir, como la de cuándo desinvertir.

Busque sectores que crezcan, o en los que haya poca competencia, o que sean rentables, o que requieran poca inversión inicial. Emprenda en ciclos económicos expansivos o en países o áreas geográficas en auge.

Décimo FCF: escoger sectores de actividad poco atractivos.

CUARTA PARTE

No tener NIF
en la cama de matrimonio

DECIMOPRIMER ASALTO

NUNCA PONGA LOS HUEVOS EN UNA SOLA CESTA

La importancia de diversificar al máximo los ingresos familiares durante los primeros años

Diversificación de ingresos

Toda empresa puede precisar cierto tiempo antes de producir beneficios. Matizaremos esto en la última parte, pero es importante abordar algo que nunca se tiene en cuenta en las escuelas de negocios. Se trata de la conexión que hay entre las necesidades materiales del emprendedor y la capacidad de su negocio para satisfacerlas.

En el caso extremo, el del emprendedor que comienza, la situación puede ser mucho más sangrante, pues necesita una cantidad de dinero cada mes, no ya para colmar sus aspiraciones, sino para subsistir, para vivir: hipoteca, gastos corrientes, colegios, seguros, etc.

Hay casos donde un negocio ha fracasado por las necesidades perentorias de la persona que lo sostiene. Casos en los que, con un poco más de tiempo, la empresa o negocio quizá hubiese fraguado. Pero como el emprendedor ha agotado sus ahorros y necesita seguir viviendo, se ve obligado a buscar trabajo por cuenta ajena y a abandonar antes de tiempo un proyecto que, con unos meses más, hubiese llegado a buen puerto.

Por eso es fundamental, antes de emprender, poner los huevos en más de una cesta, como dice el refrán.

Hay dos modos de diversificar los ingresos: uno a través del ahorro propio; y dos, mediante el salario del cónyuge.

¿A qué me refiero por ahorro propio? Pues a que es preferible no emprender hasta no contar con un «colchón» que permita cubrir nuestras necesidades personales mientras el negocio arranca. Y, para ello, hay que ahorrar el tiempo que haga falta antes de lanzarse a la aventura.

Por ejemplo, recuerdo que yo esperé varios años para iniciar mi negocio. Hice los siguientes cálculos. Yo, en aquel entonces (año 1996 y sin hijos), podía pasar con 600 euros al mes. Justito, pero pasaba. Lo que hice fue apartar poco a poco una cantidad que me permitiese vivir de mis ahorros durante dos años, incluso en el supuesto de que la nueva empresa no facturase nada. Me vendí, sin beneficios, un pisito que había adquirido, pues no quería tener una hipoteca mientras emprendía. No quería ataduras que me forzasen a claudicar antes de tiempo.

Eso fue una tranquilidad, pues me dio una autonomía total a la hora de tomar decisiones. Éstas no vinieron condicionadas por mis propias necesidades, sino por las de la empresa.

José María Ruiz Millet me dijo: «En mi sector, la medicina, yo aconsejo siempre contar con un colchón económico base de dos años. Y pasar cinco años más con mucha paciencia».

Pero este puede no ser el caso de muchas personas que o bien están en paro, o bien a duras penas pueden ahorrar y, aun así, desean emprender.

En ese caso, la segunda opción es apoyarse en su familia. Normalmente, en su cónyuge. Es muy arriesgado emprender sin ahorros, y cuando la pareja no trabaja o no tiene un empleo medianamente estable.

Por supuesto, como veremos al final de este asalto, eso es un sacrificio para ambos. Durante un tiempo indefinido, tendrán que vivir sólo con el sueldo de la pareja. Menos caprichos, menos ropa, menos «muchas cosas». Pero, por lo menos, le damos autonomía al negocio, desvinculándolo de las necesidades personales mínimas.

La última posibilidad, si no está en esta tesitura, es recurrir a un crédito. En este caso, calcule muy bien, porque si la empresa no cuaja y ha de cerrarla, se encontrará sin trabajo y con una deuda encima. Si es una persona que, por su experiencia y edad, sabe que no le costará encontrar trabajo y que podrá luego, con parte de su sueldo, devolver esa deuda, entonces puede plantearse esta opción. De todos modos, es mejor jugar con los ases en la mano. Si tiene capacidad de ahorro después, es que también la tiene ahora.

Ahorrar primero y emprender después es siempre mejor que emprender sin ahorros y tener que trabajar por cuenta ajena luego para devolver el dinero perdido.

Bien, estos modos de asegurarse la supervivencia durante la fase inicial de la puesta en marcha de un negocio que he expuesto están al margen de la empresa. Existe un tercer modo que, de hecho debería ser el adecuado, para que las necesidades personales queden cubiertas y que es...

Incorporar los ingresos personales en su plan de negocio

Me explicaré. Si usted necesita 100 unidades monetarias para vivir, inclúyalas dentro del presupuesto de su empresa. Si eso implica tener que contar con socios capitalistas, entonces ofrezca entrar a participar a otras personas con su dinero. No se trata de regalarles nada. Se trata, simplemente, de que un plan de negocio que no incorpora su sueldo no es un plan de negocio realista. Y si el plan de negocio realista supone más capital, es mejor saberlo de antemano.

Tanto en este caso como en los anteriores, es necesario elaborar el presupuesto bajo el escenario más pesimista. Imagine la peor situación posible y después réstele el 30 por ciento. La mayoría de las personas tiende a hacer lo contrario, a hacer cálculos optimistas, y luego se encuentran que donde había que ir con 100 en realidad se necesitaban 200. Pues yo le recomiendo que vaya con 300.

Las necesidades financieras son el primer gran enemigo del emprendedor. Antes de morir en el intento es recomendable buscar un socio, ayuda financiera bancaria, *business angels*, etc. Hay muchas alternativas.

No vivir como un empresario rico a las primeras de cambio

En las escuelas de negocios, la empresa se considera y analiza como un ente al margen de las ambiciones materiales de sus propietarios. Y esto no siempre es así. Infinidad de emprendedores realizan sus planes de negocio o sitúan el nivel de sus aspiraciones en función de sus ambiciones materiales.

Otra fuente de problemas que, si no se corrige, también acaba provocando el fracaso es la rapidez con la que algunos emprendedores exhiben sus primeros éxitos. Es una evidencia que una persona jurídica suele mover más dinero que una persona física. De lo primero que se sorprende un emprendedor es de cómo aumentan los importes cuando dejas de venderte por horas para pasar a vender «mercancías».

Hay muchas personas que son demasiado precoces en repartir beneficios o en poner a nombre de la empresa automóviles u otros activos para el disfrute personal. Hay que ser extremadamente cauto y respetuoso con la liquidez de la empresa, con las posibles necesidades de la misma, con las eventualidades que pueden aparecer y para las cuales una liquidez extraordinaria puede ser fundamental.

Si en el ámbito personal es importante tener un «colchón», en el de la empresa aún lo es más. Incluso los verdaderos emprendedores recomiendan una vida austera, al menos durante cierto tiempo. Si es necesario, aplace la compra de su piso y viva de alquiler, véndase el coche, reduzca sus necesidades. Los primeros años son duros y es fundamental maximizar el tiempo de autonomía económica familiar.

Apoyo familiar absoluto e incondicional

Para terminar este asalto me gustaría hablar de un factor absolutamente clave. Se trata del apoyo familiar. Me gustaría comenzar con un testimonio que emociona de verdad: «Yo he vivido situaciones dantescas. Más aún. Situaciones de verdadero pánico. Hay algo fundamental, que es el apoyo familiar. No sería lo que soy, no hubiese obtenido los resultados que he obtenido, sin el apoyo familiar. Has de tener una sintonía monstruosa con tu pareja. En un momento dado, recuerdo que ya no tenía más dinero y llamé a mi mujer, y literalmente me puse a llorar. "No tenemos más dinero —le dije—, no hay nada en la cuenta". Ella me respondió sin titubear: "Eso no es cierto, tenemos la casa. La vendemos, y nos vamos de alquiler si hace falta. Tú tira que yo aguanto". No hizo falta, salí adelante. Pero sin el apoyo de mi esposa yo hubiese tirado la toalla en aquel momento».

Hoy esta persona goza de una salud financiera envidiable. Pero él mismo reconoce que aquel día había decidido abandonar. No se veía capaz de arriesgar por más tiempo la seguridad de su familia. Pero su familia le dio apoyo.

Del mismo modo que hay una conexión entre las necesidades personales y lo que la empresa puede brindar al emprendedor, hay también una estrecha relación entre la familia y el proyecto. La familia ha de estar absolutamente alineada con el emprendedor. Debe estar dispuesta a hacer renuncias, a saber que un miembro de la familia está emprendiendo por el bien de todos y que, durante cierto tiempo —y a veces en un futuro si las cosas van mal dadas—, serán parte implicada en esa aventura.

Además, ese apoyo no es solamente un apoyo objetivo en el sentido de alinearse en las carencias, sino que también es un apoyo psicológico. Todo emprendedor necesita esa mano en la espalda que le ayuda a mantenerse cuando las cosas se tambalean o cuando, por mucha madera que tenga, es preso del vértigo.

El buen emprendedor tiene tantas ilusiones como inseguridades.

Y no se trata sólo de la pareja, este apoyo puede provenir de cualquier miembro de la familia: «Cuando yo me lancé, le di un gran disgusto a mi madre (a ella, como a la mayor parte de las madres, le hubiera encantado que hubiera trabajado de funcionario o en La Caixa). Mi padre me apoyó mucho, él me conocía y sabía que con una buena idea tenía muchas posibilidades. Aún me acuerdo de sus palabras. "Ahora es el momento; no tienes mujer ni hijos, todo lo que has hecho hasta ahora lo has hecho bien. Que sepas que en casa siempre tendrás un plato en la mesa y una cama donde dormir". Un gran tipo mi padre, en esos momentos de inseguridad tener una persona que te comprenda y te apoye resulta muy valioso».

Sin este apoyo, el emprendedor se puede sentir muy solo, y además tener una presión añadida, pues sabe que de la empresa dependen las necesidades de su familia.

No dé el paso de emprender hasta no tener este apoyo en casa. Un FCF de muchos negocios es la falta de apoyo de los familiares de la persona que los emprende.

• R E S U M E N •

Las necesidades personales del emprendedor pueden arruinar un negocio. Diversifique sus ingresos para aguantar el máximo tiempo posible sin depender de su negocio.

Si es necesario, viva de alquiler, y ahorre cuanto pueda antes de dejar su trabajo actual, si es el caso.

Incorpore su sueldo en el plan de negocio y elabore este imaginando el peor de los escenarios posibles. Cuente con inversores si al incluir su sueldo en el plan de negocio ve que precisa de más capital.

No viva como un rico a las primeras de cambio. Dele margen de maniobra a su empresa.

No emprenda sin el apoyo incondicional de sus familiares, que deben ser conscientes de las posibles carencias a las que ellos también se enfrentan si las cosas tardan en ir bien.

Undécimo FCF: hacer depender el negocio de las necesidades familiares y las ambiciones materiales.

DECIMOSEGUNDO ASALTO

UN EQUILIBRISTA JAMÁS SERÁ EMPRENDEDOR

*La vida de emprendedor no es una vida
que permita equilibrar vida personal y profesional*

El motivo más alejado de la realidad

En el primer asalto de este libro se habló de los diferentes motivos, que no motivaciones, que inducen a emprender. Son muchas las personas absolutamente quemadas de la dinámica laboral en la que están sumidos, hartas de un horario insufrible y, sobre todo, de la sensación de dependencia que no les permite sentirse dueños de sus vidas. Es lógico. Hay empresas donde la cultura corporativa es opresiva y asfixiante. Empresas donde el que sale más tarde parece un héroe, o donde está muy mal visto salir después del jefe, que es un adicto al trabajo.

El ser humano tiene una tendencia natural a la libertad, a sentirse libre y no atado a un horario o calendario laboral inamovible. Así que no es de extrañar que uno de los motivos lamentables para emprender que se dan con mayor frecuencia sea la búsqueda de un equilibrio entre la vida personal y profesional. El escritor Javier Marías dice que se hizo escritor, entre otras cosas, para poder levantarse a la hora que quisiera y para no tener jefe.

Emprendo para poder definir mi horario. Emprendo para poder tomarme días de vacaciones entre semana. Emprendo para tener control sobre mi calendario laboral. Emprendo para poder conciliar mi vida personal con la profesional de un modo equilibrado. Equilibrio.

Un equilibrista jamás será un emprendedor. Porque, al menos durante los primeros años —y casi siempre durante toda la etapa emprendedora—, emprender supone una descompensación total entre la vida personal y la profesional.

Un contrato laboral de 24 horas al día durante 365 días al año

En una de las entrevistas me dijeron: «Emprender es una actividad *full time*, *full mind* y *full soul* de 24 horas al día, los 7 días de la semana durante 52 semanas al año. El emprendedor tendrá que estar dispuesto a perder el equilibrio entre vida personal y profesional, al menos durante un tiempo».

Vamos a ver. No se trata de asustar a nadie. El resultado de la tarea emprendedora es tan gratificante que el sacrificio de emprender vale mucho la pena. Pero estas compensaciones no son nunca las de un equilibrio entre vida personal y profesional. Sí es cierto que uno tiene cierta sensación de libertad. El emprendedor «podría» tomarse cualquier día libre. «Podría» tomarse días de vacaciones de vez en cuando. Pero nunca lo hace. El hecho de saber que «podría» hacerlo ya procura cierta sensación de control y dominio sobre la propia vida, pero la realidad es que el auténtico emprendedor suele llegar a la conclusión de que al día le faltan horas para trabajar.

Una de las maravillas de emprender es que ponemos el destino o los resultados de nuestro trabajo en nuestras propias manos. Todo depende de nosotros. No estamos en una multinacional donde papá o mamá corporación van a protegernos de los errores con su músculo financiero. No hay un jefe arriba a quien preguntar cuando surgen dudas. Somos el último escalafón en la jerarquía de mando. Por encima no hay nadie más. Y eso es una gran responsabilidad. Preciosa y estimulante, pero una gran responsabilidad a la que resulta difícil acostumbrarse.

Desconectar de los problemas del trabajo durante el fin de semana es algo de lo que disfrutan especialmente las personas que trabajan por cuenta ajena. Sí, de acuerdo, hay personas responsables que durante el fin de semana se acuerdan de vez en cuando de las decisiones que deben tomar y de los problemas que tienen que resolver. Pero el emprendedor se lleva todo eso a casa, más el hecho de que la repercusión de sus decisiones afectará a un negocio que le pertenece. Y eso no hay quien se lo saque de encima.

Emprender supondrá ir a las barbacoas del típico domingo en casa de unos amigos y tener dificultades para concentrarse en la conversación sobre el último gol de Ronaldinho. El emprendedor no sólo trabaja más horas y más días que un asalariado, sino que además tiene un tipo de preocupaciones que resulta casi imposible olvidar cuando está fuera del trabajo. El emprendedor no desconecta jamás. Jamás. Es como un contrato laboral draconiano de 24 horas al día durante 365 días al año.

Por eso es tan importante tener NIF en la cama de matrimonio, porque las preocupaciones y las angustias del emprendedor (así como sus ilusiones) van a ocupar una parte tan importante de sus neuronas que prácticamente no tendrá temas de conversación con su pareja que no hagan referencia al negocio. Sin darse cuenta, se encontrará haciendo comentarios sobre una u otra idea durante la cena, sobre el último producto que puede importar de China, sobre las dudas que tiene acerca del tamaño de ese pedido, sobre los problemas que le da tal persona contratada… Su pareja va a acabar hasta las narices de su empresa. En algún momento llegará a sugerirle que prefiere que lo deje todo y que vuelva a trabajar para otros porque antes era más feliz, estaba menos preocupado y su vida era más equilibrada.

Su familia y, sobre todo, su pareja, también en esta dimensión ha de estar alineada con el proyecto, porque este va a requerir mucho tiempo y esfuerzo. Así que hay que tener una gran sintonía.

Por las noches no contará corderitos para conciliar el sueño. Nunca más le harán falta pastillas para dormir. Porque preferirá mantenerse despierto y pensar en su empresa y en todas las cosas que ha de decidir. Y se dormirá cada noche con esos pensamientos. Dormirá como un bendito, agotado de pensar, pensar y pensar.

Esto de emprender es como saltar en paracaídas. No te das cuenta de dónde te has metido hasta que no se abre la compuerta lateral y el monitor dice que ha llegado el momento.

Así que, entre las satisfacciones que le dará la acción de emprender, no se encuentra la del equilibrio entre su vida personal y profesional. De hecho, su vida va a descompensarse en cuanto emprenda. Tendrá sensación de libertad, pero menos tiempo y días de vacaciones que nunca. Por eso, si lo que busca es equilibrio, abandone ahora porque está saliendo de Guatemala para irse a Guatepeor. Por lo menos en esa dimensión.

No emprenda para «arreglar» su vida personal, sino por la satisfacción que le produce la aventura de emprender. Porque de veras que no hay mayor satisfacción que la del emprendedor que logra hacer funcionar con éxito su negocio, sea este grande o pequeño.

• R E S U M E N •

Muchas personas emprenden para poder conciliar su vida personal y profesional, pero emprender es todo lo contrario. Supone inundar tu vida personal de los problemas de tu vida profesional.

Emprender proporciona muchas satisfacciones, pero éstas son distintas a las de la obtención de tiempo personal.

Duodécimo FCF: emprender sin asumir el impacto que tendrá sobre nuestro equilibrio vital.

QUINTA PARTE

Emprender es fácil, lo difícil es crecer

DECIMOTERCER ASALTO

LAS VENTAS NOS ESCLAVIZAN Y LOS BENEFICIOS NOS REALIZAN

Un negocio que no da beneficios desde el principio no suele darlos más tarde

Nos adentramos en la última parte de este ensayo. En esta última parte quisiera hablar de los FCF que se producen cuando parece que el negocio ha arrancado bien. Llevamos entre uno y dos años, y muchas de las cosas van cuajando. Las estadísticas de mortandad de nuevas empresas indican que montar un negocio es relativamente sencillo. Un año, más o menos, lo aguanta casi todo el mundo. Los problemas suelen surgir a partir del segundo. Los aspectos que hemos abordado anteriormente: las divergencias con socios, la necesidad de modular la idea inicial o la erosión de la economía familiar pueden ocurrir tanto al inicio como más adelante. Pero los problemas que se van a tratar en esta última parte se dan única y exclusivamente a partir del segundo año de funcionamiento.

Planes, objetivos y otros bla, bla, bla

Ya escribí en los preliminares que no hay nada más absurdo que hacer planes. Los planes no sirven para nada. O para casi nada, como matizaré enseguida. El motivo de esta polémica afirmación es que la realidad nunca es la que planeamos. Jamás. Peter Drucker, uno de los mayores pensadores en gestión empresarial, dijo que «un plan no es para que se cumpla, sino para actuar cuando no se cumple».

Los planes tienen, bajo mi punto de vista, una utilidad principal. Sirven para calcular lo que denomino «puntos críticos de inflexión en la dimensión de negocio». Este nombre tan rimbombante es algo muy sencillo. Es muy habitual que una empresa que funciona como un reloj y cuyo engranaje está bien diseñado entre en crisis cuando crece. La maquinaria que resultaba útil facturando 100 no es eficiente a partir de 200. Y cuando uno encuentra un diseño organizativo o modelo de negocio válido para facturar 200 descubrirá que a partir de 300 ese diseño es de nuevo ineficiente. Los procesos han de ser distintos, también el perfil de ciertas personas que ocupan algunos cargos, las necesidades de financiación, los flujos de caja, de cobros y pagos, incluso las propias funciones del fundador o emprendedor.

En mi opinión, hacer planes sirve, sobre todo, para identificar cuáles son las cifras de ventas a partir de las cuales habrá que tomar ciertas decisiones. Un plan de negocio te da una orientación de cuánto puedes gastar y cuánto puedes invertir. Son cifras que el emprendedor tiene muy claras en la cabeza en las situaciones estáticas. Pero en la práctica, en pleno cambio o crecimiento, es mucho más complicado ser consciente de las decisiones críticas que hay que tomar y de los cambios que deben implementarse para sobrevivir al incipiente éxito.

Crear una empresa no es tan complicado. Lo verdaderamente difícil es gestionar su crecimiento. Este es un FCF clarísimo. Hay emprendedores geniales a la hora de identificar buenas ideas de negocio y hacerlas realidad, pero que son un desastre para gestionar el crecimiento de sus empresas. Volveremos sobre esto en el último asalto.

Beneficios en el tercer año. ¿Y por qué diablos?

Cuando se realizan planes y objetivos hay una tendencia a postergar la obtención de beneficios. Cuando me han presentado planes de negocios, a menudo he visto hojas de cálculo donde el primer año la última línea de la cuenta de resultados ofrece una cifra negativa bastante elevada. El segundo año sigue siendo negativa, pero menos. Y el tercer año ya se vislumbran beneficios. Casi siempre es lo mismo. Parece que si no se pierde dinero los dos primeros años los números están mal hechos.

Todos los emprendedores que planifican así el futuro deberían hacerse una pregunta. Imagine que quiere que su negocio le dé beneficios desde el primer año. ¿Qué debería cambiar en su plan?

La respuesta más habitual es que eso es imposible.

No estoy de acuerdo. A ver, es cierto que hay negocios que requieren una inversión inicial tan fuerte que ni siquiera las ventas del primer año pueden poner esta cuenta de resultados en positivo. De acuerdo, una central nuclear no da beneficios el primer año. Pero el buen emprendedor es también un buen gestor, una persona que controla muy bien el gasto necesario y sabe distinguirlo del innecesario. Cuando las cosas vayan mejor, ya nos permitiremos ciertas licencias, pero en los primeros compases hay que procurar, incluso aunque haya que montar todo un local, que enseguida se produzcan beneficios. No se trata de ser un tacaño, se trata, repito, de saber diferenciar las inversiones o gastos ineludibles y que mayor impacto tienen sobre las ventas, de los gastos que son prescindibles o postergables y que, además, apenas inciden sobre el valor que el cliente percibe en nuestro producto o servicio.

Además, creo que, cuando un modelo de negocio no da beneficios rápidamente, es difícil que los dé más tarde. Algo falla en él. El emprendedor, ante las primeras pérdidas, se aferra a su hoja de cálculo y respira tranquilo porque proyectó dos años de pérdidas. ¿Qué sucederá si el tercer año aún no obtiene beneficios? En esto de emprender hay que desvelar lo antes posible si el modelo de negocio que hemos diseñado hace viable la idea de negocio.

Las ventas esclavizan y los beneficios realizan

Lo importante no es facturar mucho, sino ganar dinero y, de nuevo, lo antes posible. Conozco el caso de dos empresarios hermanos que facturaban 20 millones de euros con su negocio textil, pero apenas ganaban medio millón al final del año.

La empresa era grande, tenía un número importante de trabajadores y el esfuerzo en horas de gestión era descomunal.

La facturación de un negocio es directamente proporcional al número de problemas y dolores de cabeza.

Durante mucho tiempo pensaron que era imposible facturar menos. Los bancos se asustarían y les retirarían las líneas de crédito. Ambos hermanos pensaban que mostrar una evolución donde las ventas se erosionan era un fracaso y una amenaza. Su calidad de vida era desastrosa. Apenas dormían y se veían obligados a solucionar un sinnúmero de problemas diarios.

Un día se les ocurrió hacer un análisis de sus clientes. Uno por uno. Y se dieron cuenta de que había muchos clientes —casualmente los que más quebraderos de cabeza les daban, los que más se quejaban y más descuentos pedían— que apenas dejaban margen, a veces, incluso por morosidad y retrasos en los pagos.

En cambio, había toda una serie de clientes que, por el motivo que fuese, pagaban más, mejor y generaban menos problemas. Al hacer un análisis de ventas e imputación de costes, cliente a cliente, llegaron a la conclusión de que perdían dinero con muchos clientes. Eso significaba que los buenos clientes financiaban los precios competitivos y condiciones draconianas de los otros.

Después de mucho pensárselo, y exponiendo previamente sus planes al banco que les daba el capital circulante que necesitaban para funcionar, decidieron quitarse de encima los peores clientes y pasar de 20 a 15 millones de euros de facturación.

Los problemas del día a día disminuyeron, los propietarios pudieron centrarse en pensar e innovar para el futuro y los beneficios aumentaron de 500.000 euros a 1,5 millones de euros. Pudieron evitar muchos fines de semana de trabajo y llegar a sus domicilios a cenar a horas algo más decentes.

El año siguiente, decidieron quitarse de encima 5 millones más de facturación y girar la mitad que dos años antes. Su calidad como empresa aumentó, también su calidad de vida y, lo más importante, los beneficios subieron. En la última conversación que tuve con ellos me aseguraron que querían facturar 8 millones de euros, pero que no sabían cómo hacerlo porque ello afectaría a clientes muy antiguos a los que no querían dejar colgados. No obstante, me dijeron que a poco que pudiesen lo harían. Y añadieron: «Mantener unas ventas tan altas nos esclavizaba. La felicidad no está en la facturación, sino en el beneficio».

En las escuelas de negocios se inculca eso de «crecer o morir». Y un pimiento. El crecimiento no siempre es obligado. El buen emprendedor sabe encontrar el tamaño que mejor se adapta a sus capacidades y las del modelo de negocio que ha creado. Crecer es bueno, pero no siempre es necesario, y, según cuándo, puede ser la ruina.

José María Ruiz me dijo: «La dificultad estriba en mantener a lo largo del tiempo la motivación que generó el proyecto y no traicionar algo tan vulnerable como el concepto de "éxito" que se consideró en un inicio».

Modelo de negocio

Eso nos lleva a una cuestión esencial en la tarea del emprendedor, que es el diseño del modelo de negocio del que hablábamos antes. El emprendedor, además de ser una persona con una mirada singular sobre una idea corriente, es también alguien que sabe diseñar el modelo de negocio adecuado para esa idea.

El modelo tiene que ver con la forma de la idea, pero no sólo con eso. Por modelo de negocio me refiero a la combinación entre la idea y el modo de concebir el mundo de la empresa. Digamos que es cómo la forma de la idea se relaciona con los elementos que definen un negocio: proveedores, clientes, instalaciones, relaciones laborales, parte financiera, entorno...

Como dijimos en el octavo asalto, toda idea tiene uno o varios modelos de negocio que la hacen sostenible, pero también varios modelos de negocio que la hacen inviable. Por tanto, la forma de la idea tiene que ver con su puesta en valor y con la capacidad de enmarcarla en un modelo de negocio que le es afín. Dicho de otro modo, hay muchas ideas que, sin cambiarlas, pero con otro modelo de negocio distinto, no hubiesen fracasado.

Pues bien, el mejor modelo de negocio no es aquel que más crecimiento proporciona, sino aquel que más fácil y rápidamente genera beneficios dentro de una sostenibilidad.

El buen emprendedor dedica tanto tiempo a pensar en la idea y la forma de ésta como en el modelo de negocio que ha de acogerlas. Y lo hace sin perder de vista que el mejor diseño es siempre el más rentable y sostenible.

• R E S U M E N •

Hacer planes sirve principalmente para detectar momentos en los que habrá que modificar el modelo de negocio con el cual se arranca. El modelo de negocio es el marco empresarial que acoge la idea. A cada idea le corresponden modelos inviables y modelos que la hacen sostenible.

El modelo de negocio más adecuado a la forma de su idea es el que da beneficios más rápidamente y es sostenible a medio y largo plazo.

La sostenibilidad es más importante que el crecimiento.

Decimotercer FCF: crear modelos de negocio que no dan beneficios rápidamente y de modo sostenible.

DECIMOCUARTO ASALTO

DIOS DIJO HERMANOS, PERO SON PRIMOS

*La diferencia entre
empresario y emprendedor*

Abandonar a tiempo

Finalizo este ensayo con algo fundamental en los negocios y también en muchos otros ámbitos de la vida, como, por ejemplo, el juego. La virtud de retirarse a tiempo.

No me refiero a retirarse en el sentido de jubilarse, sino en el sentido de que hay momentos, por ejemplo cuando la empresa va muy bien, en los que el emprendedor ha de plantearse si tiene que ser él quien continúe al frente del negocio.

¿Y por qué? Pues porque hay que distinguir entre emprendedor y empresario. No es lo mismo. El emprendedor es una persona que disfruta emprendiendo, es decir, creando cosas. El empresario es alguien a quien le apasiona generar crecimiento y, sobre todo, gestionar.

Gestionar es importante para emprender, pero en el caso de crecer es *conditio sine qua non*. O uno sabe gestionar bien o no sabrá crecer y cometerá errores que pueden abocarle al fracaso. No todo emprendedor es un buen gestor del crecimiento. O porque no sabe hacerlo, o porque no le gusta.

Yo tuve la ocasión de experimentar esta sensación en mis propias carnes. A mí me gusta mucho crear negocios, pero cuando éstos adquieren cierto tamaño me aburre gestionarlos. Y me aburre tanto que puedo incluso llegar a hacerlo mal a pesar de saber cómo hacerlo. Cuando llevaba siete años al frente de mi negocio, decidí, junto a mis socios, que debíamos salir de la gestión en el plazo de tres años. Preparamos adecuadamente el terreno y hoy estamos sólo en el accionariado y en el consejo de la empresa que fundamos y que, con tanto esfuerzo e ilusión, levantamos.

En estos momentos me dedico a emprender otros negocios distintos, así como a escribir, que es otra de mis pasiones. Emprender me divierte y gestionar me aburre, y ya hemos visto que cuando uno se dedica a lo que le gusta es cuando tiene más posibilidades de que le vayan bien las cosas.

Pero la razón por la cual un emprendedor no siempre es buen empresario no se limita únicamente a si sabe o le gusta gestionar. Hay muchas empresas llenas de condicionamientos negativos debido a que el emprendedor que levantó aquel negocio sigue metido dentro. El emprendedor arrastra la memoria histórica, y ésta, que durante mucho tiempo fue una ventaja, a partir de cierto momento, si no es un buen empresario, se convierte en un lastre.

No estoy diciendo que todo emprendedor, al cabo de un tiempo, tenga que dejar la empresa que creó. Hay infinitos casos de personas que crearon y levantaron imperios, y que siempre estuvieron al frente de los mismos. Para que cuajaran y para que creciesen. Eran personas singulares. Emprendedores y empresarios a la vez. A lo que me refiero es que cuando un negocio crece mucho, uno debe valorar si él sigue siendo la persona más adecuada para seguir al frente del mismo, ya sea por las nuevas competencias que se precisan en esa nueva etapa, ya sea porque gestionar el crecimiento no le guste, o porque su modo de ver las cosas deja de tener vigencia en el momento actual.

Y ésta es la reflexión que tiene que hacer un emprendedor. Y si llega a la conclusión de que a partir de cierto momento es mejor dejar la gestión o la dirección del negocio que fundó en manos de un director general independiente, no ha de temblarle el pulso.

¿Y cuándo es «a tiempo»?

No hay un momento determinado. No es en el cuarto año, ni a partir de que se tripliquen las ventas o cuando se internacionalice la empresa. Cada emprendedor es suficientemente inteligente como para darse cuenta de cuál es el momento.

Cuando yo decidí poner la gestión de la empresa que creé en manos de otros directivos, mi mujer me preguntó si no me daba pena. Abandonaba la dirección del que había sido mi proyecto vital durante 10 años de mi vida, el proyecto en el que me había dejado, literalmente, la piel; el mismo que ella sufrió con las interminables inquietudes y decisiones con las que le aburrí durante tantas horas.

Ése es el problema. El emprendedor suele desarrollar una simbiosis con su negocio. Una especie de dependencia mal entendida. Su vida es su empresa, y, si otro la gestiona, se queda sin vida.

La atadura emocional de un emprendedor con el negocio que creó es demasiado grande como para encontrar el momento de abandonar cuando, precisamente, las cosas van bien.

Este es el último FCF: querer seguir dirigiendo y mandando cuando uno ya no es el más indicado para llevar la empresa.

• R E S U M E N •

Hay que distinguir entre emprendedores y empresarios. Al primero le gusta crear. El segundo sabe gestionar y hacer crecer el negocio y disfruta con ello. Si este es su caso, si usted es emprendedor pero no es empresario, prepare el terreno cuando detecte que se aproxima el momento de dejar de estar al frente de su empresa.

No permita que las ataduras emocionales que le unen a su negocio le impidan dar ese paso, si es que la evidencia demuestra que es lo mejor que puede hacer.

Decimocuarto FCF: ser emprendedor y no empresario, y no retirarse a tiempo.

DESPEDIDA

Bien, aquí termina el libro.

Espero no haber sido demasiado crudo, y, si en algún momento ha tenido la sensación de que exponía vivencias personales que no debía, le pido disculpas. No lo he hecho para mirarme el ombligo, sino para fundamentar a los ojos del lector mis opiniones.

Ahora que he acabado el manuscrito, me doy cuenta de que en realidad este no es el libro negro del emprendedor, sino que es el libro negro, la bestia negra, del *falso* emprendedor. Al auténtico no le hará mella nada de lo que aquí se ha expuesto. Para un emprendedor de verdad este libro es tan inofensivo como el «hombre del saco» para un adulto.

Llamo rápidamente a la editorial. Les digo que quiero cambiar el título. Me he equivocado. Tiene que titularse *El libro negro del falso emprendedor*.

Me dice mi editor que no hay tiempo. Las cubiertas están ya imprimiéndose.

Demasiado tarde para mí.

Espero que no para usted.

Y si lo es, tenga en cuenta lo que me dijo Xavier Gabriel: «Fracasar no es perder. Es no haberlo intentado».

Consejo final: tu enemigo eres tú mismo. El desconocimiento de tu propio desconocimiento es la fuente de todos los fracasos.

Entra sólo a ganar, no a probar.

Y es que, emprender, como vivir y amar, es sólo una cuestión de voluntad.

Fernando Trías de Bes
Puigcerdà, 1 de febrero de 2007

RESUMEN:

LOS FACTORES CLAVE DE FRACASO

Respecto a la persona que emprende:

1. Emprender con un motivo, pero sin una motivación.
2. No tener carácter emprendedor.
3. No ser un luchador.

Respecto a los socios:

4. Contar con socios cuando en realidad puede prescindir de ellos.
5. Escoger socios sin definir criterios de elección relevantes.
6. Ir a partes iguales cuando no todo el mundo aporta lo mismo.
7. Falta de confianza y comunicación con los socios.

Respecto a la idea de negocio:

8. Pensar que de la idea depende el éxito.
9. Adentrarse en sectores que no gustan o se desconocen.
10. Escoger sectores de actividad poco atractivos.

Respecto a la situación familiar del emprendedor:

11. Hacer depender al negocio de las necesidades familiares y ambiciones materiales.
12. Emprender sin asumir el impacto que tendrá sobre nuestro equilibrio vital.

Respecto a la gestión del crecimiento:

13. Crear modelos de negocio que no dan beneficios rápidamente y de modo sostenible.
14. Ser emprendedor y no empresario, y no retirarse a tiempo.

Puede votar su acuerdo o desacuerdo
con este diagnóstico entrando en

www.triasdebes.net

CUESTIONARIO ESTÉRIL

Si quiere conocer su probabilidad de éxito, responda a las preguntas de este cuestionario.

1. ¿Le hace una ilusión loca, irracional, infinita este proyecto, le «pone a cien»?

   Sí . . . . 10 puntos
   No . . . . −10 puntos

2. ¿Está entrenado para soportar la presión, tiene capacidad de aguante?

   Sí . . . . 5 puntos
   No . . . . −5 puntos

3. ¿Ha considerado seriamente que puede fracasar?

   Sí . . . . −3 puntos
   No . . . . 3 puntos

4. ¿Está seguro de que su idea es absolutamente imbatible?

   Sí . . . . 2 puntos
   No . . . . −2 puntos

5. ¿Puede escribir en menos de dos líneas por qué es imbatible?

Sí . . . .   8 puntos
No . . . . −8 puntos

6. ¿Tiene ya el compromiso de asociar a personas que de momento no le han aportado nada?

Sí . . . . −10 puntos
No . . . . 10 puntos

7. ¿Ha planteado a sus socios su remuneración?

Sí . . . .   5 puntos
No . . . . −5 puntos

8. ¿Ha planteado a sus socios el precio que le han de pagar por sus aportaciones?

Sí . . . .   2 puntos
No . . . . −2 puntos

9. ¿Le chifla el sector en el que va a emprender?

Sí . . . . 10 puntos
No . . . . −10 puntos

10. ¿Es un sector donde se gana dinero, es un buen momento económico?

Sí . . . .   5 puntos
No . . . . −5 puntos

11. ¿Tiene el doscientos por cien del apoyo en casa?

Sí . . . .   5 puntos
No . . . .   –5 puntos

12. ¿Tiene ingresos familiares suficientes para el doble de tiempo que prevé que tardará en tener beneficios?

Sí . . . .   5 puntos
No . . . .   –5 puntos

13. ¿Sabe gestionar? ¿Es bueno gestionando y organizando cosas?

Sí . . . .   5 puntos
No . . . .   –5 puntos

14. ¿Se ha asustado en algún momento leyendo este libro?

Sí . . . .   5 puntos
No . . . .   –5 puntos

15. Al acabarlo, ¿quiere aún seguir adelante?

No . . . .   No sume los puntos anteriores. Déjelo.
No lo tengo claro   No sume los puntos anteriores y tómese un par de meses.
Sí . . . .   No sume los puntos anteriores y... ¡adelante!

EL VENDEDOR DE TIEMPO

UNA SÁTIRA SOBRE EL
SISTEMA ECONÓMICO

FERNANDO TRÍAS DE BES

EMPRESA ACTIVA

Érase una vez un tipo corriente que vivía en un sitio aleatorio, en un pisito común, con una hipoteca de por vida. Nada fuera de lo normal. Salvo por una afición de juventud, quizás una obsesión: el estudio del sistema reproductivo de las hormigas de cabeza roja, afición ésta a la que no se podía dedicar por falta de tiempo y que con el paso de los años resultaría ser... ¡una bomba de relojería!

«¡Ay, si fuera dueño de mi propio tiempo!», se quejaba nuestro tipo corriente.

Este es el protagonista de nuestra historia, un anónimo ciudadano que, con una irracional idea de negocio en la que nadie cree, pone en jaque a la sociedad de consumo. Un tipo corriente que demuestra que cualquier sistema económico que no respete los derechos esenciales de los individuos está abocado al fracaso.

Con una ácida e irónica visión de la empresa, del mundo industrial y del advenimiento del marketing de masas, Fernando Trías de Bes nos recuerda que son los ciudadanos los que sostienen las economías y que puede llegar el día en que los productos de consumo se conviertan en armas para una rebelión silenciosa de los ciudadanos contra los excesos y la irracionalidad del sistema.

Con este libro el lector adquiere mucho más que unas páginas impresas, escritas con inteligencia por un autor de reconocido éxito y encuadernadas en un bonito formato. ¡Está adquiriendo tiempo! ¡Su tiempo!